科学之光
LIGHT OF SCIENCE

世 界 因 他 们 而 改 变

普朗克评传

[德] 阿明·赫尔曼◎著

马　跃◎译

中国科学技术出版社

·北　京·

图书在版编目（CIP）数据

普朗克评传 / (德) 阿明·赫尔曼著；马跃译 .

北京：中国科学技术出版社，2025. 1. -- (世界因他

们而改变). -- ISBN 978-7-5236-0901-9

Ⅰ. K835.166.11

中国国家版本馆 CIP 数据核字第 2024FY3287 号

Original Title: Max Planck

Copyright © 1973 by Rowohlt Taschenbuch Verlag GmbH, Reinbek bei Hamburg

Simplified Chinese language edition arranged through Beijing Star Media Co. Ltd., China

北京市版权局著作权合同登记　图字：01-2024-2666

总　策　划	秦德继
策划编辑	周少敏　郭秋霞　崔家岭
责任编辑	张晶晶　崔家岭
装帧设计	中文天地
责任校对	张晓莉
责任印制	马宇晨

出　　版	中国科学技术出版社
发　　行	中国科学技术出版社有限公司
地　　址	北京市海淀区中关村南大街16号
邮　　编	100081
发行电话	010-62173865
传　　真	010-62173081
网　　址	http://www.cspbooks.com.cn

开　　本	787mm×1092mm　1/32
字　　数	98千字
印　　张	6.5
版　　次	2025年1月第1版
印　　次	2025年1月第1次印刷
印　　刷	河北鑫兆源印刷有限公司
书　　号	ISBN 978-7-5236-0901-9 / K·450
定　　价	58.00元

目 录

第1章

何不纵情欢乐 [1]

1867年5月14日，在距离学期结束仅剩两个半月时，马克斯·普朗克从基尔教育中学六年级转学至慕尼黑的马克西米利安文理中学，就读于拉丁语班一年级。他的父亲约翰·尤利乌斯·普朗克（Johann Julius Wilhelm von Planck）刚获得慕尼黑大学民事诉讼法学教授席位，因此携妻子和7个孩子一同前往巴伐利亚首府慕尼黑赴任。这7个孩子分别是：尤利乌斯·普朗克与前任妻子所生的胡戈（Hugo）和爱玛（Emma），与第二任妻子帕齐希（Patzig，来自格赖夫斯瓦尔德）所生的赫尔曼（Hermann）、希尔德加德（Hildegard）、

---

[1]《何不纵情欢乐》（Gaudeamus Ingitur）是一首拉丁文歌曲，也被称为《国际学生歌》，后为各大院校学生的毕业歌。第一章回顾了普朗克早期快乐的学生生活，故以歌名作为标题。——译者注

阿达尔贝特（Adalbert）、马克斯和奥托（Otto）。到达慕尼黑后，普朗克一家住在布里埃纳大街33号的一间宽敞公寓中，那里离慕尼黑大学和位于路德维希大街上的马克西米利安文理中学很近，步行仅需10分钟。

"他的身上具有乖孩子的一切特性。"这是年仅9岁的马克斯收到的第一份来自老师的评语，之后对他的评语也大多如此。"他在校表现良好，深受老师和同学的

父母：约翰·尤利乌斯·普朗克教授和他的妻子爱玛
（婚前姓帕齐希）

喜爱。""他是一个天资聪颖、乖巧且勤奋的学生。"马克斯的成绩优异:"德语2分①,3门外语——拉丁语、希腊语、法语成绩均在1分至2分,宗教和数学分别获得1分。"[1] "人文教育带给我的深远影响让我不胜感激,我不愿让这些古希腊罗马经典从我的记忆中消失。在现如今这个追求实用效益最大化的时代,在一所人文主义中学接受教育意义非同一般。由此,年轻一代方能意识到,除却物质满足感或者省时省钱带来的成就感之外,学习能够带给人另一层面的乐趣。"[2]

马克西米利安文理中学当时还未开设自然科学课程。毕业班的数学课上,教学内容不仅包含解析几何等应试题目,同时还有当时热门的天文学和力学。"物理学最令我着迷。我的数学老师赫尔曼·穆勒(Hermann Müller)是一个聪明幽默的中年人,他通过实例向我们讲解物理学原理。我学到的第一个颠扑不破的原理是能量守恒定律,它像是一个救赎的信号,从此在我体内迅速发酵。我永远不会忘记穆勒在讲解势能和动能时的举例:一个泥瓦匠费力地将一块砖搬运到屋顶,他的努力

---

① 根据德国评分制度,1分成绩最好,4分为及格,5分、6分都属于不及格。此处普朗克学生时代的分数均为1分或2分,说明其成绩名列前茅。——译者注

没有白费，而是被完好无损地封存多年，直到有一天砖松动，掉落在一位行人头上，这时势能便成功转化成为动能。"[3]

据普朗克的邻居君特·格拉斯曼（Günther Graβman）描述，普朗克的天赋还体现在其他方面。他拥有绝对音准，在男童合唱团清唱剧中担任男高音，还曾在教堂礼拜时演奏管风琴。他还曾和保尔·海塞（Paul Heyse）、霍恩斯坦（Hornstein）、恩斯特·韦尔夫林（Ernst Wölffin）一起表演戏剧，甚至还为他们的业余表演谱词、作曲。此外，他还热爱山中生活，而这源于他的早年经历。每到夏天，普朗克的父亲喜欢带上家人，与好友相约来到蒂罗尔附近一个偏远山村度假。几周的时间里，他们会一起徒步旅行，探索周边环境。[4] 因此，普朗克从小便接受了严格的体能训练，养成了自律的良好生活品质。

对普朗克来说，慕尼黑不仅仅是一座艺术之城。他反对普鲁士德国的政治传统，年幼时曾目睹了 1864 年 1 月 25 日普鲁士军队占领基尔的过程。在这之后，德丹战争爆发，民族情绪空前高涨，民族统一的强烈愿望深深触动了这个小男孩。在慕尼黑的马克西米利安文理中学读书时，普朗克经历了 1870—1871 年的普法战争，他的哥哥赫尔曼在奥尔良战役中牺牲，德意志帝国随后建立。"他将这种英雄主义情结同自己的爱国精神一起，深深地刻在心中。"[5]

在校期间，普朗克所上的宗教课和受过的礼节训练都对他产生了深刻的影响。他几乎每年都会收到这样的教师评价："他举止礼貌谦逊，所有人都对他印象颇深。"[6] 虽然普朗克深受教师喜欢，但并不会引起其他同学的嫉妒，因为他并非通过展现自己的野心或者献媚获得青睐。他就是这样的人：有责任心、乐观而开朗。

对于其他同学来说，他是值得信赖的朋友。据普朗克描述："我也曾帮助同学们摆脱不良情绪的影响。"学生时代及之后的人生道路上他从未树敌，和大家关系都十分融洽。在他中学二年级的评价手册中有这样一段话："作为班级里最小的学生（14 岁零 3 个月），他获得了所有老师和学生的喜爱，内心纯真，具有清醒的头脑和出色的逻辑思维能力，他值得拥有如此高的评价。"[7]

他的同学都来自慕尼黑的名门望族，其中包括银行家海因里希·默克（Heinrich Merck）的儿子卡尔（Karl），后来他成了普朗克的姐夫；还有奥斯卡·米勒

（Oskar Miller），后来成了德国博物馆的创立者。米勒在老师们那里并不受欢迎，"他并非缺乏天赋。他处事利落并且能够快速做出判断，无须集中注意力也能获取关键信息。但他不守规矩，不够勤奋和专注，经常扰乱课堂秩序"。[8]与米勒不同，普朗克能够毫不费力地适应学校的规章制度，常常因为"乖巧"受到表扬。在校内，他尊重权威，在之后的物理学研究领域也同样如此。然而，随着物理学领域的新突破，他也必须向权威发起挑战，并因此在19和20世纪之交引领了一场思想上的变革。

1874年7月，16岁零3个月的普朗克顺利通过了中学毕业考试。父母对他的优异成绩非常满意，尤其是学校对他的年终评语："马克斯·普朗克在管风琴训练中刻苦勤奋，在节日庆典表演中机敏灵巧、表现优异。在乐团排练中负责钢琴演奏，同样表现优异，并且赢得了所有人的赞誉。在5位报名大提琴课的学生中，普朗克的成绩最佳。"[9]

由于普朗克在多个领域都展现出了颇高的天赋，所以在选择大学专业时遇到了困难，他在音乐、古典语言学和物理之间摇摆不定。当他向音乐老师咨询音乐专业的就业前景时，得到了这样的回答："如果你已经开始思考就业这件事了，那么建议你还是选择其他专业吧。"慕尼黑的物理学教授菲利普·冯·约利（Philipp von Jolly）劝普朗克不要学习物理，他认为："这门科学中的一切都已经被研究了，只有一些

1874 年中学毕业的普朗克

不重要的空白需要被填补。"柏林物理学家和生理学家埃米尔·杜·布瓦 – 雷蒙（Emil Du Bois-Reymond）也持同样的观点，他认为机械原理尤其是能量守恒定律的提出已将物理学理论的发展推向顶峰和终点。

19 世纪末的欧洲，保守主义思想盛行。民众普遍认为，在政治秩序层面和科学领域，一切均趋向稳定。狂风骤雨般的革命过后，人们更希望维持现有社会秩序的稳定。普朗克的思想同样受到社会总体环境的影响，如果要改变原有的观念，势必要经历内心的抗争和自我重建过程。一番思想斗争过后，普朗克意识到，科学与制

度的大厦并非不可撼动。

最终，普朗克并未听信约利的建议，他于1874—1875年的冬季学期入学慕尼黑大学物理系。"我本来想成为语言学家或者历史学家。后来，古斯塔夫·鲍尔博士（Dr. Gustav Bauer）的一门数学课带领我打开了自然科学的大门，激发了我内心对数学的热爱之情。虽然之后我并没有在纯数学领域深入研究，而是转向物理学领域。因为我想探究世界上更深层次的奥秘，而纯粹的数学研究并不能帮助我实现这一愿望。"[10]

像他的几个哥哥一样，普朗克也加入了慕尼黑学生学者歌唱协会。他是合唱队的副队长，负责作曲和独唱，由于他声音高亢且身形苗条，所以经常在舞台上扮演女性角色。他曾在轻歌剧《里卡多——著名的强盗船长》（又称《失败的笛子演奏》）中饰演伯爵夫人米兰达，"他以珍珠般完美无瑕的女花腔和自然松弛的表演，成功塑造了一个极端主义的女性形象"。

1876—1877年的冬季学期伊始，他在学生酒吧表演独创歌剧《树林中的爱情》。"所有人都被这明丽优美的旋律所吸引，这要归功于我们极具艺术天赋的合唱队队长。"[11]《慕尼黑学生学者歌唱协会会报》报道了当时的盛况："这并不是年轻学生们的胡闹，而是一场由音乐爱好者们精心准备的演出。尽管他们并未受过专业训练，音乐设备也并非顶级配置，但是在编曲、钢琴与手风琴演奏、歌唱等各个环节都展现了高超的音乐天赋和娴熟的表演水平。"

普朗克在歌唱协会中结交了比他大两岁的主修数学和物理的卡尔·龙格（Carl Runge）。龙格曾经在给母亲的家书中写道："您完全想象不到，我在学校有多么的受欢迎，我的朋友们都夸赞我为人真诚、自然大方、聪明能干。"[12]

1877 年年初，普朗克和两个同学一起去意大利徒步旅行。旅行之初，卡尔·龙格留在慕尼黑复习功课，并未同行。后来他的女儿伊利斯·龙格（Iris Runge，传记作家）曾经这样写道："龙格源源不断地收到朋友们从威尼斯、佛罗伦萨和热那亚寄来的明信片，最终在 3 月底到米兰和朋友们会合。他们 4 人参观了米兰的艺术作品，到斯卡拉歌剧院听音乐会。之后他们游历了许多城市和著名景点：帕维亚、科莫、卢加纳湖、马焦雷湖、布雷西亚和加尔达湖。这条蜿蜒曲折的游览路线充分显示了他们内心对于自由的向往，一切并未规划太久，纯粹是随性而为。他们在科莫遇到阴雨天气，索性直接搭乘火车前往米兰。途中天气再次转晴，他们便效仿明希豪森伯爵① 从火车上一跃而下，重返科莫。"

一路上他们沿着风景如画的科莫湖和卢加纳湖前行，登高远眺，欣赏沿途美景。他们泛舟湖面，观赏贝拉吉奥、卡洛塔别墅和马德雷岛的花园。

4 人都喜欢寻求刺激，因此成为好友。在长时间的徒步途中，他们也会经常在休息时讨论哲学话题，尤其普朗克和龙格二人关系更加亲密。他们试图找到一个全新视角俯瞰整个世界，认为他们所学的自然科学作为单一视角具有较大的局限性。与龙格相比，普朗克更为谦逊平和，对于科学的兴趣更为专一，愿意集中全部精力深入研究。龙格的思想则更为大胆，有时甚至会令 19 岁的普朗克大吃一惊，例如，他提问道："基督教究竟是拯救世界还是摧毁世界？"每当这时，在传统环境中成长的普朗克就会一时语塞。[13]

---

① 明希豪森伯爵（Baron Münchhausen，1720—1797 年），18 世纪德国布伦瑞克 - 吕讷堡选侯帝国男爵，游历多国，擅长口头叙事，开始仅限于朋友间的口口相传，之后吸引大批听众来到博登维尔德尔地区。一位听众将故事带到伦敦并以明希豪森伯爵的名义出版了《吹牛大王历险记》，此书一经问世大获成功，后多次再版，并被翻译成多国语言。——译者注

1877 年冬季学期，普朗克转学到柏林弗里德里希·威廉大学①，这是当时德国最好的大学，之后的 50 年这里成了普朗克的精神家园。校内学术氛围浓厚，"虽然教室很小，但基本上座无虚席，有些学生甚至不得不站着听课。10 点时学生就必须

1878 年在柏林就读物理系的普朗克

挤进学校前廊，否则抢不到座位。大排长队的情景可以比拟圣灵降临节时的火车站售票窗口。"[14] 当时同在柏林读大学的海因里希·赫兹（Heinrich Hertz）在日记中写道。他与普朗克相识相知是几年后的事了。

著名物理学家赫尔曼·冯·亥姆霍兹（Hermann von Helmholtz）和古斯塔夫·基尔霍夫（Gustar Kirchhoff）是普朗克在柏林的老师。然而，普朗克仍然表示："我必须承认，我并未从课程中汲取很多新知识。能看出来，虽然亥姆霍兹的备课准备是充分的，但是他经常中断授

———————
① 指的就是柏林大学。——译者注

课，转而去翻找课前笔记；而且他还经常在写板书时出错。或许他在讲课的时候也和我们一样感到无聊。结果就是，台下的学生们一个接一个离开，最后只剩3个人，其中包括我和我的朋友，以及未来成为天文学家的鲁道夫·莱曼-菲莱斯（Rudolf Lehmann-Filhés）。"

"基尔霍夫的讲义的确是经过精心准备的，每句话都恰到好处、简明扼要。但他像是将讲义背出来一般，语调毫无起伏变化，内容枯燥乏味。我们尊重讲课者，但不欣赏他的演讲内容。在这种情况下我只能通过阅读感兴趣的书籍来获取科学知识，当然都是与能量原理相关的书籍。就这样，我偶然间读到了鲁道夫·克劳修斯（Rudolf Clausius）的论文，他通俗易懂的语言和富有启发性的论述给我留下了深刻的印象，自此激发了我的研究热情。我尤其欣赏他对热力学中两个基本定律的精确表述，尤其是创造性地论证了两者的巨大差异性。"[15]

能量守恒定律或称热力学第一定律，被认为是最重要的物理定律，普朗克在学校时就将其视作"类似一种救赎的信息"。如今他发现热力学第二定律的重要性，并决定将其作为他博士论文的研究对象。

几乎在同一时间，海因里希·赫兹在亥姆霍兹的鼓励下加入电动力学的比赛项目。而普朗克却选择了一个全新的课题作为他的研究对象，这也就注定了他必须独自摸索出一条适合自己的道路。"不同于赫兹那般幸运，我不曾拥有其他研究员或者老师为我指引研究方向，而是通过大量阅读大师的学术著作来获得帮助。我尤其感谢赫尔曼·冯·亥姆霍兹、鲁道夫·克劳修斯和古斯塔夫·基尔霍夫。"[16]

在柏林的学习拓宽了他的学术视野。"1878年10月我回到慕尼黑参加数学和物理教师资格考试，并顺利通过。后来我还在母校马克西米利安文理中学当了几周的代课老师。"[17]普朗克接替他之前的数学老师——赫尔曼·穆勒教数学，学校档案中记载了大家对他授课的评价："作为储备教师，普朗克的授课受到了校长的赞誉，他在知识传授和学生管理两方面都展现了出色的能力。"

1879年2月12日，普朗克提交了博士论文；5月30日，他参加了物理系的毕业考试。"考试时间是下午3点到5点。冯·乔利教授（Professor von Jolly）负责发放密封试卷，一共3道笔试题；系主任负责监考。"[18]

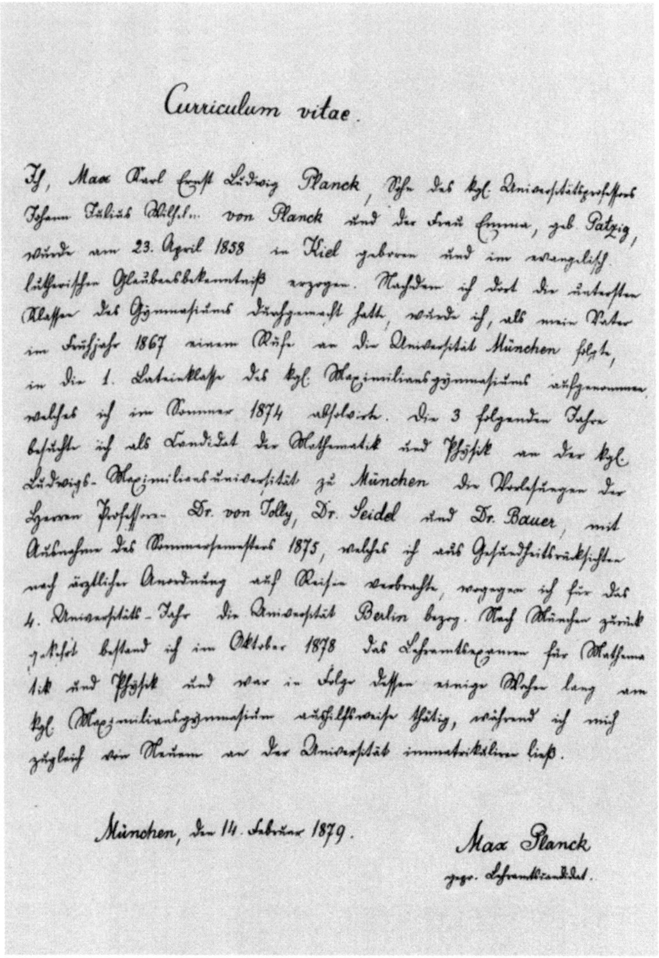

普朗克为参加博士毕业考试准备的手写简历

Curriculum vitae.

Ich, Max Karl Ernst Ludwig Planck, Sohn des kgl. Universitätsprofessors Johann Julius Wilhelm von Planck und der Frau Emma, geb. Patzig, wurde am 23. April 1858 in Kiel geboren und im evangelisch lutherischen Glaubensbekenntniß erzogen. Nachdem ich dort die untersten Klassen des Gymnasiums durchgemacht hatte, wurde ich, als mein Vater im Frühjahr 1867 einem Rufe an die Universität München folgte, in die 1. Lateinklasse des kgl. Maximiliansgymnasiums aufgenommen, welches ich im Sommer 1874 absolvirte. Die 3 folgenden Jahre besuchte ich als Candidat der Mathematik und Physik an der kgl. Ludwigs-Maximiliansuniversität zu München die Vorlesungen der Herren Professoren Dr. von Jolly, Dr. Seidel und Dr. Bauer, mit Ausnahme des Sommersemesters 1875, welches ich aus Gesundheitsrücksichten nach ärztlicher Anordnung auf Reisen verbrachte, wogegen ich für das 4. Universitäts-Jahr die Universität Berlin bezog. Nach München zurückgekehrt bestand ich im Oktober 1878 das Lehramtsexamen für Mathematik und Physik und war in Folge dessen einige Wochen lang am kgl. Maximiliansgymnasium aushilfsweise thätig, während ich mich zugleich wieder an der Universität immatrikuliren ließ.

München, den 14. Februar 1879.

Max Planck
gepr. Lehramtskandidat.

普朗克为参加博士毕业考试准备的手写简历

Fragen aus der Physik.

$$m \cdot \frac{d^2x}{dt^2} = -c \cdot x$$

oder: $\quad m \cdot \dfrac{d^2x}{dt^2} \cdot \dfrac{dx}{dt} \cdot dt = -c \cdot x \, ds$

Integral: $\quad \dfrac{1}{2} m \left(\dfrac{dx}{dt}\right)^2 = -\dfrac{c}{2} x^2 + C$

$\dfrac{dx}{dt} = 0$

$$m \left(\dfrac{dx}{dt}\right)^2 = c \cdot (a^2 - x^2)$$

普朗克博士考试手写稿的第一页

普朗克足足写满了 5 张纸，卷面书写工整，逻辑清晰。考试题目涉及谐波振荡、湿度计原理、惠斯通电桥。或许在今天看来，考察内容过于简单，但是不要忘记，普朗克当时只有 21 岁，和如今大多数本科生的年纪相当。

"面试部分按照学科依次进行，首先是数学辅修课考试，由鲍尔教授任考官；下午 5 点 45 分到 6 点 15 分是物理主修课考试，由约利教授任考官；最后是由拜尔教授任考官的化学考试。"[19] "物理考试对我来说十分简单，拜尔先生的提问我也能应答如流。不过这次考试并没给我留下什么好印象，因为考试题目过于简单，只是单纯考察我们对于理论知识的记忆，而这些都是物理学的皮毛。"[20]

博士毕业考试结束后 4 周，即 6 月 28 日这天，在大学礼堂举行了 6 篇博士论文的公开答辩，以及毕业典礼。

"和我一起答辩的有后来成为物理学家的卡尔·龙格和数学家阿道夫·赫尔维茨（Adolf Hurwitz）。当然，按照惯例，我事先已经与他们私下沟通过了。博士毕业仅 1 年后，我就被慕尼黑大学聘请为编外教师。在我的教师资格评选论文《各向同性体的平衡状态》中，套用了博士论文的一般性结论用以解决一系列具体的热力学（尤其是物理化学）问题。"[21] 关于教师资格考试的试讲和回答评委提问环节的记录如下："普朗克于 3 天前至约利教授处抽签决定的主题是《论机械气体理论》，之后于 1880 年 6 月 14 日周一参加公开试讲和评委提问。试讲时间为下午的 4 点 15 分到 4 点 45 分，评委提问环

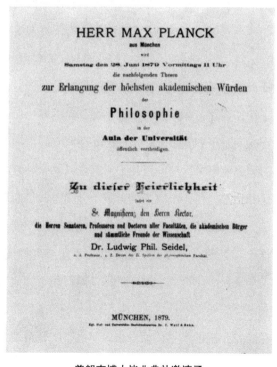

普朗克博士毕业典礼邀请函

节从4时45分持续到5点30分。约利先生、塞德尔（Seidel）先生和鲍尔先生3位评委在一番紧张激烈的讨论后，一致同意授予普朗克大学教师资格。"[22]

这位22岁的年轻人就这样轻松通过了最高级别的学术考试，这也意味着他顺利进入了大学教师的圈子。然而，编外讲师职位是没有报酬的，因此他只能像学生时代一样继续与父母同住。据君特·格拉斯曼回忆，当时普朗克全家搬进了位于巴勒街48号的新美术馆对面的2楼公寓，该公寓位于郊区，被花园与田野包围。"公寓内临街的一侧有两个大房间，装有明亮的落地窗；接着是餐厅和客厅，客厅里有一架小型三角钢琴；后面的小卧室朝向院子和宽敞的花园；此外还有一间很大的书房作为家庭图书馆。房间里几乎所有家具都是朴素而美观的比德迈耶风格，卧室内的布置十分简单，是斯巴达克式的。经济繁荣时期流行的奢华之风在公寓中无处寻觅，这也与普朗克一以贯之的生活与治学态度相契合。他的治学态度科学严谨、遵守秩序、履行职责。他对艺术尤其是音乐无比热爱，并且爱好远足与登山。"[23]

在这位年轻的大学讲师看来，他当下的任务就是将自己的名字载入科学研究的史册。"我的博士论文和教师资格评选论文在当时的物理学术界并未激起任何水花，对此我感到万分沮丧。从曾经教过我的大学老师处得知，他们都读不懂我的论文。在物理学界，那些有着理论背景知识的专家，甚至对我的研究丝毫不感兴趣，更不用奢望获得他们的掌声了。

担任慕尼黑大学讲师期间的普朗克

亥姆霍兹可能根本没有读过我的教师资格评选论文，基尔霍夫明确给出了负面的评价，我还没有机会见到克劳修斯，他在人际关系上非常保守。唯一的一次主动尝试，是我去波恩找他，然而并未见到本人，因为他没在家。"[24]

"然而这些负面的反馈并未将我击退，我深知这项研究的重要性，希望能够持续推进。我认为，除了能量之外，熵（Entropie，描述系统热力学状态的函数）是物理实体最重要的属性，因为它的最大值意味着最终的守恒，从中产生了所有物理和化学守恒的相关定律。在以后的几年里，我在不同领域都将熵作为单独的研究对象，首先是聚集态变化，其次是混合气体，最后推导出绝对熵公式。最终我在这方面取得了丰硕成果。"[25]

对年轻的编外讲师来说，长时间的等待是煎熬的。"即便我在父母家的生活非常惬意，但内心想独立的欲望越来越强烈，我渴望建立自己的家庭。"普朗克与银行家默克的女儿，一个迷人并且有艺术才华的女孩——玛丽·默克（Marie Merck）订婚了。但是想要结婚，他必须要有一份稳定的收入，因为与传统社会认知相对抗并不是普朗克能做出来的事情。

普朗克终于等到了第一通录用电话，但却是来自阿沙芬堡林学院。他倍感失望，因为在那里物理属于边缘学科。究竟是接受还是拒绝？他搭乘开往柏林的火车，向亥姆霍茨寻求建议，最终决定继续等待其他工作机会。

亥姆霍兹预测，未来对理论物理学领域讲师的需求量将增加。在许多德国大学，除了计划内的物理学教授席位之外，还将逐步设立特殊教授席位。但是由于经济原因，许多大学没有成立自己的实验室。由此，大学对理论物理学讲师的需求增多了。（理论物理学教席的增多也成为世纪之交"德国物理学黄金时代"到来的前提。普朗克的量子理论和爱因斯坦的相对论是理论物理学蓬勃发展的催化剂，这之后无数的年轻物理学家前赴后继，德国也毫无疑问地成为物理学家最多的国家。）

1883年年初，基尔大学筹划建立物理学特别学院。受柏林物理系同事的推荐，年轻的海因里希·赫兹随后取得基尔大学的教学资格。从此，基尔大学迎来了首位编外讲师，也是未来冲击教授席位的合适候选人。

在这个新增岗位上报国家预算之前，赫兹还收到了卡尔斯鲁厄大学的来电和教授的录用消息。因此，基尔大学与赫兹再次确认后，得知其将赴卡尔斯鲁厄任职。同时，赫兹向基尔大学推荐了普朗克，"他在理论物理学年轻一代的研究者中资历最深、成果最多"。1885年2月5日，普朗克的任命提案被呈递给部长，4月10日获得通过。在普鲁士国家高等教育部部长弗里德里希·阿尔特霍夫（Friedrich Althoff）访问慕尼黑之际，普朗克与其进行了愉快的商讨，并迅速达成一致。"阿尔特霍夫部长邀请我到玛丽安巴德酒店谈话，并详细讲解了薪资待遇等相关问题，这无疑是我一生中最幸福的时刻之一。"[26] 阿尔特霍夫善于识人，他曾写道："普朗克博士个性谦卑，学术阐释清晰明确，给我留下了很好的印象。"[27]

1885 年 5 月 2 日，普朗克成为基尔大学的特聘教授。"我宣誓以绝对的信心与忠诚忠于皇帝和皇室……"然而普朗克并未将这段就职誓词视为纯粹的形式主义，而是作为自己的责任和义务。尽管当时他的年薪只有 2000 马克，但是也可以勉强支撑起一个小家庭。1887 年 3 月 31 日，这位 29 岁的年轻人终于与比他小 3 岁的玛丽·默克结婚了。

当普朗克在基尔大学上公开课时，理论物理学仍然是一个小众的边缘学科，直到 20 世纪它才被称为影响人类命运的科学。他的前任海因里希·赫兹因为选课学生过少而提出离职，他在日记中写道："教室空荡荡的，使得工作愉悦感很低。"在普朗克任职期间，情况并未好转，"周三开

马克斯·普朗克和玛丽·默克

始上课，但是报名的学生勉强达到开课的最低限人数"。

因此，普朗克有了更多的时间从事科学研究。他的付出也逐渐得到了认可。"埃尔哈德·威德曼（Eilhard Wiedemann）邀请我进行有关机械热理论的演讲，我欣然同意并赴约。自 1888 年 3 月 9 日以来，我还担任了另一项'职务'，我做了父亲。假期我要带着儿子去山上度假。"[28]

普朗克妻子的娘家在泰根湖畔有一处房产——豪华的格兰德尔霍夫庄园。普朗克经常在那里度过暑假的前两周，这也是为接下来的登山旅行做准备。对于普朗克的 4 个孩子：大儿子卡尔、双胞胎女儿艾玛和格雷特、小儿子埃尔温 ① 来说，这里也成了他们的第二故乡。

---

① 1887 年 3 月，马克斯·普朗克与玛丽·默克（1861—1909）结婚，婚后生活在基尔，两人共有 4 个孩子：卡尔（Karl，1888—1916）、双胞胎艾玛（Emma，1889—1919）和格雷特（Grete，1889—1917），以及埃尔温（Erwin，1893—1945）。——译者注

第 2 章

柏林大学教授

普朗克继续系统研究热力学第二定律，"普朗克的工作方式与大多数同事不同，但却卓有成效。他不使用其他假说或任何存疑的理论，所得出的结论都是严格遵守热力学定律的。从中可以看出，普朗克的思想纯粹，坚定走自己的道路。他关于能量守恒定律的论文在哥廷根获奖，另著有多篇数学物理学领域的论文，这无疑展示了他的全局观念，即他在物理学各个研究领域都有自己独到的见解。他的教学能力也毋庸置疑，基尔大学对他赞赏有加"。[29] 1888 年 11 月 2 日，柏林弗里德里希·威廉大学提名普朗克任物理系教授。

其实最初他们是推选海因里希·赫兹作为基尔霍夫的继任，因为赫兹在两年前发现了电磁波并因此闻名。

但他最终选择了波恩大学，于是阿尔特霍夫就将这个宝贵的工作机会给了第二候选人普朗克。普朗克在基尔大学仅工作了4年，1889年4月普朗克就来到了德意志帝国的首都，在全国的精英大学任教。从普鲁士籍籍无名的编外讲师到成为正式教授，他仅仅用了3年时间。"当时年仅30岁的我十分清楚这意味着什么，我已经具有进入柏林物理学会的资质。学会的精神领袖是帝国物理技术研究所的创建者维尔纳·冯·西门子（Werner von Siemens）和第一任主席赫尔曼·冯·亥姆霍兹。"[30]当时柏林物理学会的成员共有227人。

"学会会议在大学物理研究所楼上的小图书馆举行。

柏林大学

长桌的尽头坐着学会主席，他的身旁便是一块镶有木质边框的小黑板。1890 年春，我第一次在学会内做公开演讲，主题是两种电解质的电势差。利用瓦尔特·赫尔曼·能斯特（Walther Hermann Nernst）之前提出的电解质导电的基本原理，我推导出能反映测量结果的电势差公式。在哥廷根的能斯特先生在信中告知我，他的最新测量结果与我用电势差公式得出的结果一致。这令我信心倍增，也希望能够借此次发言的机会提升我在学会内的地位。我期待着能得到同行和专家们的赞赏。然而，演讲结束后，面对我一黑板的板书，竟没有一个人愿意发表观点。最后只能由学会主席做了简单的点评，但这对我来说意味着是一种尖锐的批评。我高昂的斗志就这样被泼了冷水，我快快不乐地回到家，但很快就想到了如何安慰自己：即使没有华丽的宣传，好的理论终究还是会得到认可。虽然我知道，获得物理学会的认可其实相对容易些，但要想获得大众的认可，在柏林是需要花上几年时间的。”[31]

加入柏林物理学会几年后，普朗克被推举为财务主管，后来多次当选为会长长达 12 年之久，他在柏林物理学会总共工作了 31 年。“我在物理学会参加的会议、

普朗克位于柏林格鲁内瓦尔德万根海姆街 21 号的房子

做过的讲座不计其数，我几乎参与了所有学会内部的活动，从来没缺席过任何一次会议和会后讨论。"[32]

普朗克后来在柏林格鲁内瓦尔德的教授聚集区康洛尼别墅区购置了一处带有花园的房产，它位于万根海姆街 21 号。历史学家汉斯·德尔布吕克（Hans Delbrück）、医生卡尔·邦霍费尔（Karl Bonhoeffer）和神学家阿道夫·冯·哈纳克（Adolf von Harnack）都是他的邻居，彼此是挚友，他们的孩子也都成了朋友。艾格尼丝·冯·扎恩－哈纳克[①]说："每个来到万根海姆街的人，都会看到普朗克家房前深色的门廊，屋内简明严肃的画作，线条感十足的家具和用品，这些都给人一种疏离而冷静的感觉。当春天到来，屋前和门房处却是另一番景致，叶苔和迎春花带来了早春的讯息，蕨类植物也从湿润的泥土中长出来。有时会从窗内传出美妙的音乐，那是玛丽亚·谢尔（Maria Scherer）在演唱舒伯特、舒曼或勃拉姆斯的曲子，主人弹奏钢琴，约瑟夫·约阿希姆（Joseph Joachim）演奏小提琴。"[33] 约瑟夫·约阿希姆是普朗克的密友，他们经常一起演奏音乐。约阿希

① 艾格尼丝·冯·扎恩－哈纳克（Agnes von Zahn-Harnack，1884—1950）是德国教师、作家和资产阶级女权活动家。她是神学家阿道夫·冯·哈纳克（1851—1930）的女儿。——译者注

姆是音乐学院的院长，也是大学教师弦乐四重奏乐队的首席。普朗克也积极参加各类学校活动，半个多世纪的时间里，他几乎参加了学校全部大大小小的讲座。

初到柏林的那段时间，普朗克还致力于音乐理论研究。理论物理研究所摆放着一台亥姆霍兹买来的风琴，它是斯图加特的歇德美尔公司为天赋异禀的小学教师卡尔·艾茨（Carl Eitz）特制的。普朗克自学了这种复杂的乐器，深入研究阿卡贝拉音乐中的纯律。"我得到了一个意想不到的结果。我们的耳朵在任何情况下都偏爱十二平均律，而不是纯律。即使是在和谐的大三和弦中，纯律的三度也不如十二平均律的三度动听。毫无疑问，这些都是源于几代人长时间的音乐习惯。"[34]

普朗克因此养成了精致的音乐品味。正如他曾经对麦克斯·冯·劳埃（Max von Laue）所说："没有一段音乐能给他带来纯粹的享受，因为他总是能听出一些不可避免的小错误。后来，他对音乐的过度敏感消失了，他的快乐也随之回归。"[35]

虽然普朗克并不看好十二平均律的三度，但对赫尔曼·冯·亥姆霍兹来说，他更喜欢十二平均律三度中的"不纯粹"。然而，纯粹性恰恰是纯律的标志性特

赫尔曼·冯·亥姆霍兹，"德国物理学总理"，克纳斯绘制。

点，因此，二人在对纯律的看法上有很大的分歧，且亥姆霍兹自始至终坚持自己的观点。时年37岁的赫尔曼·冯·亥姆霍兹是德国物理学的权威人物，被称为"德国物理学总理"，同时他也是普朗克的榜样。

"我被亥姆霍兹的卓越成就深深吸引，对他崇敬已久。如今我终于可以与他近距离接触，这无疑是我人生中的一段宝贵经历。他具有敏锐的判断力，心思单纯，尊重科学和真理。他的善良与真诚打动了我。每当他用平静而尖锐的眼神看向我时，我内心都会升腾起一种孩童般的依恋。他会坚定地支持我，信任我；他是一个公正温和的审判者，一句称赞比任何外在的成功都更能使我快乐。我努力地记住与亥姆霍兹见面时的每个细节，它们都是我一生中不可磨灭的宝藏。"[36]

普朗克对亥姆霍兹近乎谦卑的敬意在今天似乎是难以理解的。德国经历了两次世界大战，盲目的信任曾经给人民带来许多无妄之灾，而普朗克正是心存敬畏之人，甚至比同时代的其他人更"敬畏"由伟大的前辈们所建立的神圣的科学大厦。然而，在19世纪初，他却引发了"物理学界的巨大变革"，并因此载入史册。

第3章

追求绝对性

是什么将这位物理学家——一个古怪、封闭、孤独的男人——带入了科学的殿堂？爱因斯坦曾这样评价普朗克："科学将关注个体存在的敏感者带入关注客观与理解客观的世界；类似于大自然对来自混乱喧嚣环境的城里人的吸引力，他们从高山远眺欣赏宁静的景色，呼吸纯净的空气，感受自然的永恒。"[37]

尽管天地变化万千，研究者仍努力从自然科学角度，寻找颠扑不破的真理。1644年，笛卡尔提出"运动原理"假设，即物体在没有外力作用时会保持静止或匀速直线运动的状态，如今我们称之为牛顿第一定律或惯性定律。笛卡尔将其归因于上帝的旨意。18—19世纪自然科学研究进入到世俗化阶段，不再将一切自然现象与宗教相联系。然而直到现在，人们依旧相信，自然界中存在着独立于人类主观能动性的事物，且这些事物具有永恒性。

马克斯·普朗克极力寻找自然法则中的"绝对"性，"我们只能从'相对'的角度出发。我们所有的测量都是相对的。测量仪器具有差异性，它是相对的，仪器生产地点、生产工艺、测量方法、实验者目的等都是如此。我们就要从这些数据中寻找绝对的、普适性的定量"。[38]

古斯塔夫·基尔霍夫在 1859 年研究黑热辐射特性时发现了"绝对的事实"。被加热的金属（如铁炉或电线）首先融化成红色或者黄色胶状物，若继续加热就会变成白色胶状物，并伴有"热辐射"。这种热辐射类似太阳辐射，由多种颜色的单频波组成。辐射金属的性质对辐射的影响很小，基尔霍夫据此推断，金属材料特性完全不影响辐射结果。这个猜想也可以通过理想试验证实，被完全加热的金属可以通过小孔发射"黑射线"。

根据基尔霍夫的说法，物体的黑体辐射与物体特性无关。"用 J 表示的黑体的发射能力与波长和温度有函数相关性，这个函数公式的确立至关重要。尽管在实验过程中，遇到了重重困难，但是最后推导出的函数公式并不复杂，再次印证黑体的热辐射能力与物体特性无关。"[39]

1859 年以来，确立热辐射的通用函数公式成为物理学界的共同目标，但仍然缺乏相关试验性或理论性数据定义其功能。1898 年，年轻的弗里德里希·帕邢（Friedrich Paschen）提出准确定义热辐射的重要性，"准确定义函数 J 就像是为一位教授找到大学稳定教席一样重要"。

普朗克曾谦虚地评价自己之前的工作："我没有取得什么成功。"1894 年，普朗克在热辐射领域开辟了新大陆，"能量分布是绝对的。在我看来，对绝对事物的追求是最有意义的研究任务。自此，我便全身心地投入到它的研究中"。[40]

普朗克将热辐射的研究系统化，将其融入多年科研项目之中，并将其拆分成若干小步，逐个击破。他首先发现了"通用函数"的自然连续性，然而却没能成功破解"通用函数"的正确形式。1899 年 5 月 18 日，他向普鲁士科学院提交了他的研究成果，"k 和 h 两个常数可以确定波长、辐射大小、时间和温度的单位，这些单位和物体的材质无关，热辐射可以超越宇宙和人类文明，它无时无处不在。因此这也被称为自然的尺度单位。除 k 和 h 之外，真空条件下光的传播速度 c 和重力常数 f 也对波长、辐射大小、时间和温度有影响"。[41]

马克斯·普朗克在格鲁内瓦尔德散步时对儿子埃尔温说，这是自牛顿以来最伟大的物理学发现之一。在埃尔温与物理学家兼哲学家伯恩哈德·巴文克（Bernhard Bavink）的谈话中也同样得到证实，"1900 年父亲同我在格鲁内瓦尔德散步时说，他的新发现甚至不亚于牛顿"。[42] 经过儿子埃尔温之口将消息传达给伯恩哈德·巴文克，这是否是历史的真相？还是普朗克对事实有所夸大，还是仅仅为了方便他年仅 7 岁的儿子理解呢？物理学历史上从来不乏传说，就像伽利略的"地球仍然在运动"的传说一样，普朗克的"牛顿以来最伟大的发现"可能也是后人的传言。

哥廷根物理学家罗伯特·波尔（Robert Pohl）与埃尔温·普朗克是好友，他曾说："我们一同乘船旅行时，埃尔温曾表示，自己的父亲十分清楚新常数的发现具有重大意义。因此，在父亲去世后，埃尔温将常数值刻在父亲的墓碑上。"波尔的话打消了不少人的疑虑，普朗

青年时期的普朗克

克的话并无夸张。[43]

普朗克常数的发现确实是"哥白尼（或牛顿）以来最伟大的发现"。然而，当时的普朗克并未推导出量子理论公式 $\varepsilon = h\nu$，他仅仅为发现自然常数 h 这个绝对数值而欣喜。"我们都应该看到所有个体的、常规的、偶然的自然现象背后的普遍性的、客观的和必要的规则。应该寻找非独立值背后的独立值，相对性背后的绝对性，短暂性背后的永恒性。这种观念不仅仅适用于物理学领域，同样也适用于其他任何一门学科；不仅仅适用于科学领域，同样也适用于道德层面。"[44]

自 1899 年 5 月以来，普朗克已经发现有两个常数在热辐射定律中起作用，但是一直没有找到热辐射定律的函数公式。"1900 年，在物理学会的会议上，科学家们就此展开了热烈的讨论。我记得很清楚，当时海因里希·鲁本斯（Heinrich Rubens）对我说：'不管怎样，有一点是可以确定的，影响单色辐射的因素一个是温度，另一个是表达方式。当温度无限升高时，单色辐射的表达趋向无限性。'"[45]

1900年10月中旬，普朗克正在研究两个相互矛盾的公式：一个是正确性得以证实的弗里德里希·帕邢和威廉·维恩（Wilhelm Wien）的定律，另一个是海因里希·鲁本斯和费迪南德·库尔鲍姆（Ferdinand Kurlbaum）的新测量结果。他认为这两个公式在各自领域都是正确的。毫无疑问，他是两组同事间的调解员。采用内推法，普朗克推导出一个全新的热辐射公式。1900年10月19日，他在物理学会上公布了他的最新发现："第二天早上，鲁本斯告诉我，他在会议结束的当晚又将他的测量结果与我用公式推导出的结果进行了比对，所有步骤都有着令人满意的一致性。"[46]

这确实是项伟大的胜利。据此，普朗克在1894年提出的难题中，如今只剩一个仍未解决，同时也是理论研究中最重要的一个难题，即从物理学角度推导出辐射公式。由于辐射公式中包含了新的常数h，而h的出现违背了以往所有公认的定律。因此，这种新的推导方式必然促使物理学研究上升到一个新的精神维度。

第4章

量子理论的诞生

17世纪，伴随现代物理学诞生，各种新的定理原理层出不穷，包括：具有流动性和可变性的牛顿流体，莱布尼茨提出的广义连续性，康德将"自然界不会跳跃"视为科学的组成部分。

马克斯·普朗克在1900年年底，第一次背离传统思维范式，成为物理学领域的"革命者"。他在推导热辐射公式时，认为有必要引入单个量子能量ε，这个ε不仅仅表示"量子跃迁"量，同时也是对传统理论"自然界不会跳跃"的有力回击。

推导热辐射公式历经6年，对研究者的逻辑思维能力和头脑敏捷度要求极高。正如慕尼黑马克西米利安文理中学的老师所说，普朗克完全具备这些优点。除此之

§ 9. Endlich führen wir auch noch die Entropie S des Resonators ein, indem wir setzen:

$$(9) \qquad \frac{1}{\vartheta} = \frac{dS}{dU}.$$

Dann ergiebt sich:

$$\frac{dS}{dU} = \frac{1}{\nu} f\left(\frac{U}{\nu}\right)$$

und integrirt:

$$(10) \qquad S = f\left(\frac{U}{\nu}\right),$$

d. h. die Entropie des in einem beliebigen diathermanen Medium schwingenden Resonators ist von der einzigen Variabeln U/ν abhängig und enthält ausserdem nur universelle Constante. Dies ist die einfachste mir bekannte Fassung des Wien'schen Verschiebungsgesetzes.

§ 10. Wenden wir das Wien'sche Verschiebungsgesetz in der letzten Fassung auf den Ausdruck (6) der Entropie S an, so erkennen wir, dass das Energieelement ε proportional der Schwingungszahl ν sein muss, also:

$$\varepsilon = h \cdot \nu$$

und somit:

$$S = k \left\{ \left(1 + \frac{U}{h\nu}\right) \log\left(1 + \frac{U}{h\nu}\right) - \frac{U}{h\nu} \log \frac{U}{h\nu} \right\}.$$

Hierbei sind h und k universelle Constante.

Durch Substitution in (9) erhält man:

$$\frac{1}{\vartheta} = \frac{k}{h\nu} \log\left(1 + \frac{h\nu}{U}\right),$$

$$(11) \qquad U = \frac{h\nu}{e^{\frac{h\nu}{k\vartheta}} - 1}$$

und aus (8) folgt dann das gesuchte Energieverteilungsgesetz:

$$(12) \qquad \mathfrak{u} = \frac{8\pi h \nu^3}{c^3} \cdot \frac{1}{e^{\frac{h\nu}{k\vartheta}} - 1}$$

oder auch, wenn man mit den in § 7 angegebenen Substitutionen statt der Schwingungszahl ν wieder die Wellenlänge λ einführt:

$$(13) \qquad E = \frac{8\pi c h}{\lambda^5} \cdot \frac{1}{e^{\frac{ch}{k\lambda\vartheta}} - 1}.$$

量子公式引入

外，普朗克还有着很强的工作系统性和精确度。即便是在他的业余爱好——登山和音乐中，这一优势也得以充分展现。

1900 年 12 月 14 日，普朗克在柏林的物理学会上分享他的最新研究成果——量子理论。自此，物理学的新纪元开始了。"总而言之，这是一个令人绝望的行为。因为我天生性情温和，不喜欢冒险。然而，尽管艰难，这次我必须不惜一切代价找到理论依据。热理论的两个基本定理是无论如何都要坚持的。除此之外，其他物理

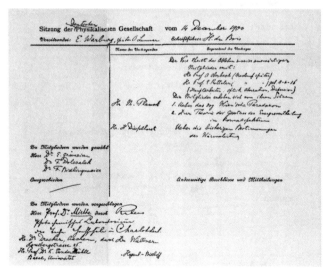

1900 年 12 月 14 日物理学会会议记录手册

学理论都是可以被打破的。"[47]

与之前广为流传的观点不同：在 20 世纪之交时，普朗克仍然完全没有意识到量子理论的提出将会给物理学领域带来巨大改变。如果他在 1900 年就能有意识地打破连续性原则与之前的物理学传统，那么为何要将辐射定律的推导视为"绝望行为"和"物理信念的牺牲"？普朗克也确实做出了牺牲，他放弃了使用热力学第二定律，而选择接受原子理论。

普朗克对原子理论并不熟悉。1879 年普朗克在博士毕业时，提出了一个论点：原子是物质不可分割的组成部分，这一假设违背了能量守恒定律。直到几年前，这场关于原子理论的争论才真正开始。他的助手恩斯特·策梅洛（Ernst Zermelo）反对路德维希·玻尔兹曼（Ludwig Boltzmann）提出的基于热力学第二定律的统计性质的玻尔兹曼分布理论。而为了推导黑体热辐射定律，普朗克不得不在 1900 年 11 月使用了饱受争议的"玻尔兹曼分布理论"，因此他称其为"物理信念的牺牲"和"绝望的行为"。推导过程中 ε 的引入更增加了量子论的革命性和接受难度，听众的反馈报告和他写给英国同事罗伯特·威廉姆斯·伍德（Robert Williams

Wood）的信中都得以证实。"公式 $\varepsilon = h\nu$ 就是一个纯粹假设，我并没有多想，就是想要得到积极的结果。"[48]

因此，普朗克最初认为，光子能量 ε 的最小值为零。根据公式 $\varepsilon = h\nu$，ν 为辐射电磁波的自震频率，如果 ε 为零，那么 h 必须为零。之后的几年间，两位英国物理学家瑞利勋爵（Lord Rayleigh）和詹姆斯·霍普伍德·金斯（James Hopwood Jeans），以及荷兰物理学家亨德里克·安东·洛伦兹（Hendrik Antoon Lorentz）都赞成这一观点，从而实现了在经典物理学的概念框架内推导的一致性。但是，这个符合以往思维框架，看似没有逻辑漏洞的解决方案，却并非由正确的热辐射公式推导而来。

马克斯·普朗克经过多年的深入分析，发现常数 h 具有实际意义，因为在辐射测量中可以非常精确地确定 h 的值。普朗克认识到，h 作为为数不多的自然常数之一具有重要意义。早在 1899 年 5 月，他就已经想到了除光速 c 外，h 也是自然测量系统的基础。

1900 年 11 月，这一新发现在辐射定律的推导过程中发挥了决定性的作用。普朗克十分清楚，之前 h 为零的假设并不具备说服力。这时研究过程却陷入困境，他

试图深入理解 $\varepsilon = h\nu$ 这一公式，但还是没能实现新的突破，毕竟这需要多位优秀物理学家的共同努力。大约 30 年后，1927 年维尔纳·海森堡[①]才用"模糊关系"解释了常量 h 的本质。

1901 年的普朗克

经过一番努力，普朗克仍未确定 h 的常量值，但他却成功解释了辐射定律中的第二个常数 k。1902 年年中，普朗克提出，可以用 k 值定义温度。在 20 世纪初，k 在原子能领域研究中发挥着重大作用。十分讽刺的是，普朗克发现 k 的初衷是将其应用于量子研究，从未想到这一发现竟然促成了他激烈反对的原子能领域的进步。

---

① 维尔纳·海森堡（Werner Heisenberg，1901—1976），物理学家，量子力学主要创始人，哥本哈根学派代表人物，诺贝尔物理学奖获得者，生前是慕尼黑大学教授。1927 年发表了不确定性原理，该原理指出不可能同时定位粒子的动量和位置，粒子位置的测量越精确，其动量的测量就越不精确，反之亦然。——译者注

由于普朗克的谦逊，人们并未将 k 的发现归功于他，而是称其为"玻尔兹曼常数"。"位于维也纳中央公墓的玻尔兹曼墓碑上的公式：$S = k\ln W$，实际上是普朗克推导出来的。这也被视为普朗克慷慨的象征，他将玻尔兹曼视为原子能领域的引路人，一直到去世都未曾将 k 的发现归功于自己。"[49]

普朗克通过讲座将他的所有发现毫无保留地公之于众。后来人们以他的名字命名了"普朗克常数""普朗克基本定律"和"普朗克黑体辐射公式"，他总是将它们的功劳归于所有研究人员。恩斯特·拉姆拉（Ernst Lamla）回忆道："我们生活在一个浮夸成风的时代，研究者如果要取得进步就必须远离这种夸耀之风，时刻保持内心的纯粹和谦逊。我记得在一次关于普朗克黑体辐射公式推导过程的讲座上，他将全部推导步骤都详细呈现在黑板上，并鼓励听众进行讨论。普朗克全程都对自己的付出只字不提，也未曾将这些颠覆性的新发现归功于自己。"[50]

普朗克的周期性讲座时长为 6 个学期，共 3 年。他的授课主题先后为：质点力学、刚体力学、连续介质力学、电学、磁学、光学和热力学，最后是理论物理学的特殊问题，后来也包括量子理论。在接下来的学期，他又开始讲授力学理论。学生詹姆斯·里迪克·帕廷顿（James Riddick Partington）说："上课时他完全不用讲义。从简单的方程式开始，到傅立叶变换，抑或是弹性理论，他对各种公式定理了然于心。他从不会出错也不会出现停顿，很少翻看笔记，经常是看一眼板书后坚定地说：'对的。'然后又将笔记放了回去。他的语气平和，吐字清晰，便于学生接受，我认为他是我见过的最优秀的授课教师。他的两句口头禅是：'我们可以再往前走一步。''现在事情就圆满解决了。'"普朗克的另一个学生弗里茨·赖希（Fritz Reiche）说："他是一位好老师，但缺乏幽默感。我记得，布雷斯劳的数学家阿道夫·克内泽（Adolf Kneser）经常略带批评地说：'普朗克，普朗克一点都不搞笑！'"

莉泽·迈特纳（Lisa Meitner）坦言，普朗克的授课方式有些呆板："参加普朗克的讲座之初，我感到有些失望。在维也纳，我是玻尔兹曼的学生。玻尔兹曼毫不掩饰地表达了对自然法则的奇妙和人类思维的优越性的高度赞赏，玻尔兹曼的课堂富有激情，学生自然深受触动。而相较之下，尽管普朗克的授课内容非常清晰，但

普朗克全家福

对于初来乍到的我来说显得过于冷静，似乎他从未将个人情感倾注于此。但我很快便理解了，这与他的性格无关，完全是我的个人偏见。我相信，许多人刚开始也同我一样，对普朗克缺乏了解而对其产生误会。我单从他冷静克制的外表判定他的内心也是充满秘密的，然而实际上他却是一个思想纯粹、内心正直的人。普朗克曾经评价约瑟夫·约阿希姆，'他是一个让人如沐春风般的人，当他走进一间屋子，屋内的空气也会变得更加清新'。而同样的评价也适用于普朗克自己，年轻一代的柏林物理学家们均有同感"。[51]

第 5 章

德国物理学的黄金时代

  1905 年秋,《物理学年鉴》第 17 卷的一篇论文引起了普朗克的注意, 这篇论文的标题是《论动体的电动力学》。赫兹、洛伦兹和其他几位著名研究者曾经就这一问题展开过激烈讨论, 然而并未取得任何成果。如今, 出乎所有人的意料, 出现了一种全新的解决方案。这篇论文的作者名叫阿尔伯特·爱因斯坦（Albert Einstein）, 这个名字是普朗克在以往任何论文文献中从未见到过的, 后来他得知爱因斯坦是来自瑞士伯尔尼专利局的一个小官员。爱因斯坦已经赋予 "空间" 和 "时间" 这两个物理学基本概念全新的意义: 相对性。他改革了经典力学, 并将其与电动力学相联系, 这就是如今的狭义相对论的雏形。

ANNALEN
DER
PHYSIK.

BEGRÜNDET UND FORTGEFÜHRT DURCH
F. A. C. GREN, L. W. GILBERT, J. C. POGGENDORFF, G. UND E. WIEDEMANN.

VIERTE FOLGE.

BAND 17.
DER GANZEN REIHE 322. BAND.

KURATORIUM:
F. KOHLRAUSCH, M. PLANCK, G. QUINCKE,
W. C. RÖNTGEN, E. WARBURG.

UNTER MITWIRKUNG
DER DEUTSCHEN PHYSIKALISCHEN GESELLSCHAFT
UND INSBESONDERE VON
M. PLANCK

HERAUSGEGEBEN VON
PAUL DRUDE.

MIT FÜNF FIGURENTAFELN.

LEIPZIG, 1905.
VERLAG VON JOHANN AMBROSIUS BARTH.

《物理学年鉴》第 17 卷封面，刊登了 3 篇爱因斯坦的著名论文

　　如今我们认为是轰动科学界的伟大发现，在当时却并不被理解，甚至是被忽视的。如果没有普朗克的关注，这位不知名作者的论文很快便会湮没在大量出版物中。1905—1906 年冬季学期伊始，普朗克在柏林座谈会上发表演讲："如果由亨德里克·安东·洛伦兹和爱因斯坦共同提出的相对论原理具有普遍性，那它将极大地

简化动体的电动力学研究，将为各个领域的物理学研究提供理论支撑。"[52]

作为先驱者，普朗克多年前就开始研究"辐射或量子问题"。而如今在他看来，这一问题的重要性有所降低。他在1907年7月6日给爱因斯坦的信中写道："相较于解决这个根源性问题，目前更迫切的是你的相对性原理是否成立。"[53]当时在哥廷根，后来到柯尼斯堡工作的实验物理学家沃尔特·考夫曼（Walter Kaufmann）心生疑虑，试图通过实际测量找到反驳爱因斯坦相对论的证据，并提醒普朗克要谨言慎行。后来普朗克通过对考夫曼的实验数据进行批判性分析，找出了其简化程序中的不合理性。

普朗克积极应对各种针对相对论的反对意见，"布赫勒（Bucherer）先生在信中说：'他强烈反对我的最新研究。尽管缺乏证据，但他仍坚持认为相对性原理与最小作用原理是不相容的。'您如果不同意他的观点，那我只能与您断交，这也是布赫勒先生乐于看到的。我认为，如现在这般，相对论理论的支持者属于少数群体，那么团队内部的团结一心尤为重要"。[54]

在写给爱因斯坦的信中，普朗克提到明年他将去伯尔尼高地度假，同时期待能有机会与爱因斯坦见面。1908 年 9 月，普朗克和他的家人在伯尔尼的阿克萨尔普山区度过了 3 周的假期。"我和家人已经在这里住了 14 天。计划家庭出游的时间和地点是一件十分困难的事情，因为天气是我们首要考虑的。目前，我唯一能确定的是：12 日星期天的晚上，我们住在布里恩茨的湖畔酒店；13 日上午我们途经布吕尼希山返程。或者我们干脆在科隆的自然科学家大会见面吧，那样我们会有更多的时间也更有心情进行科学讨论。"[55]

令普朗克惊讶的是，狭义相对论在德国物理学界得到了认可。说服其他科学家的并不是实验性数据，而是理论本身的数学性与对称性。1908 年 9 月 21 日，德国自然科学家和医生大会在科隆举行。数学家赫尔曼·闵可夫斯基（Hermann Minkowski）发表的演讲证明了相对论的最终胜利。闵可夫斯基不仅引用了三个空间维度，还引入了时间作为第四维度，从而阐明相对论的数学性："时间和空间的理论诞生于物理实验的土壤中。这是它们的优势，它们的趋势是上升的。从现在起，独立的空间和时间将注定消失，成为单纯的阴影，只有两者结合才能保持独立的现实。"

阿尔伯特·爱因斯坦

虽然普朗克很快认识到狭义相对论的重要性，然而他却反对爱因斯坦的其他理论研究，反对爱因斯坦其他基于普朗克公式的新观点。爱因斯坦在《关于光的产生与转化的一个启发性观点》的论文中研究了普朗克发起的"辐射问题"。与瑞利勋爵、詹姆斯·霍普伍德·金斯及亨德里克·安东·洛伦兹三人回归经典物理学不同，爱因斯坦以近乎疯狂的速度不断前行。事实上，爱因斯坦的第二大贡献是推动量子理论发展。他的光量子假设具有很强的颠覆性，普朗克认为这是完全不可能的。"我正在寻找非真空条件下光量子的吸收常量和排放常量。我认为，真空状态下可以使用麦克斯韦方程式。到目前为止，我还没发现不合理之处。"[56]

这种谨慎和克制符合普朗克的个性，但毫无疑问，他也受到当时流行的思维方式的影响。"在我看来，必须谨慎看待爱因斯坦的波粒二象性理论。波粒之战不仅是 20 世纪之交的讨论热点，因为关于光理论的研究与讨论已经延续了数百年。早在 17 世纪，克里斯蒂安·惠更斯（Christiaan Huygens）提出了光的波动说，推翻了牛顿的光的微粒说。所有这些物理学最引以为傲的成就，难道因为它存在争议就否定其合理性吗？我们必须捍卫电磁光理论的根基。"[57]

与瑞利勋爵、詹姆斯·霍普伍德·金斯及亨德里克·安东·洛伦兹三人类似，普朗克的观点也是趋于保守的，唯一的区别在于：古典主义物理学家坚持认为在德国帝国物理技术研究所进行的热辐射测量是虚构的，因为其与物理学公理相矛盾。詹姆斯固执己见，普朗克也无法说服他。"詹姆斯的固执让我无法理解。作为一个理论家，却像是黑格尔哲学中的唯心主义者，他本不该这般的。面对正确的新理论他都如此抵抗，更不用说那些有瑕疵的理论了。"[58]

普朗克和其他古典主义物理学家一样，也希望延续物理学传统。但他并没有放弃通过实验研究自然常数 h 的数值，并试图减少由于 h 的发现所带来的物理学界的变化。"我尝试以某种方式把常数 h 引入古典理论之中。我花了好几年的时间，耗费了许多精力，然而最后却是徒劳。一些同行认为这简直是悲剧。"[59] 之所以称之为悲剧，是因为普朗克并非为新理论的发现而感到欢欣鼓舞，并将其视为是思想变革的开始，而是将其看作逼迫自己前进的外在力量。

1910 年年中，传统物理学大厦面临崩塌，"随着新理论的提出，大厦的裂痕逐渐扩大"。[60] 爱因斯坦通过研究极低温条件下的比热容，发现了遵循量子理论的第二自然现象。在马克斯·普朗克的协调下，他在柏林大学的同事瓦尔特·赫尔曼·能斯特组织了国际性峰会，普朗克作为会议代表发表了观点："热辐射、比热容等新理论的提出，对每个物理学研究者都提出了新的挑战，我们必须团结一致，共同寻求解决办法。"[61]

1910 年的普朗克

1911 年 10 月底，在布鲁塞尔召开的"第一届索尔维大会"是物理学界的里程碑事件。"过去将近一年的时间里，普朗克都不同意我的观点，而今天在会上他基本被我成功说服了。他是一个诚实的、大公无私的人。"爱因斯坦写道。

　　对普朗克来说，物理学发展的关键时期也同样是他家庭愁云密布的艰难时刻。在 1909 年 1 月和 2 月的信中他提到了玛丽·普朗克的疾病："自从妻子患上了肺结核病后便一直卧床不起，至今仍未有好转的迹象。家庭生活也因此变得惨淡。我星期三带她去巴登－巴登看医生。"[62] 1909 年 10 月 17 日，相伴普朗克 23 年的妻子——玛丽去世了。"这给我带来了沉重的打击。昨天我亲手

在布鲁塞尔举行的"第一届索尔维大会"。后排左二：普朗克，后排右二：爱因斯坦

将心爱的妻子埋葬在她才过世的父母身边。现在我必须开始新的生活，希望科学研究和照顾孩子两件事能够占据我的全部精力，从而让我暂时忘却悲伤。"[63]

1911 年 2 月，普朗克写信给威廉·维恩提道："下个月我要和玛丽的侄女玛加·冯·赫斯（Marge von Hoeβlin）结婚了。我们的婚礼不追求外在的形式，只邀请亲朋好友来慕尼黑共同分享幸福时刻。"[64] 他们于 1911 年 3 月 14 日举行了婚礼，儿子赫尔曼在这一年圣诞节当天出生。

几位教授同事都对普朗克的迅速再婚表示不满，威廉·海因里希·韦斯特法尔（Wilhelm Heinrich Westphal）却替他开心：比普朗克小 25 岁的玛加成了他的新人生伴侣。"真的要感谢玛加，她帮助普朗克从痛苦的低谷中走出，让他在年老时找回身体与精神上的新鲜活力，使普朗克回归对生活的热情并一直保持下去。"[65]

普朗克的家庭氛围又活跃起来了。冬日的傍晚，热爱音乐的年轻人聚在一起，共同演奏海顿和勃拉姆斯的合唱作品，尤其是勃拉姆斯的四声部和四手联弹曲《爱之歌华尔兹》和《吉卜赛乐章》。普朗克既担任指挥，同时又弹奏了一小段钢琴曲，演唱者有普朗克、哈纳克、德尔布吕克和亲朋好友们，其中有物理学家威廉·海因里希·韦斯特法尔、爱德华·格吕尼森（Edward Grüneisen）和阿道夫·冯·贝耶尔（Adolf von Baeyer），奥托·哈恩（Otto Hahn）是男高音，莉泽·迈特纳、罗伯特·波尔和古斯塔夫·赫兹（Gustav Hertz）是他们的忠实听众。

"来宾们开始认为这只是一次简单的社交活动，最后却无不为指挥者普朗克所折服。"艾格尼丝·冯·扎恩－哈纳克说道，"真正的喜悦是一件认真的事，我们进行了全身心的投入与日复一日的练习。普朗克的要求虽然严苛，但他始终能以宽容的态度向大家提出改正意见。当男高音因对曲目《在黑暗中吻我》缺乏练习而表现不佳时，他也只是轻轻地叹了一口气，并没有放弃男高音，而是陪他反复练习，为此我们深受触动。普朗克并不在意个体的成功，而在意的是团队的胜利。对他来说，表现比效果更重要。"[66] 莉泽·迈特纳补充道："普朗克收到下学期的课程安排后，就在花园里玩起了跑步游戏。他以孩子般的热情和极高的灵活性参与其中，而他从未失过手，每次都能抓到其他游戏者，这让他兴奋不已。"

普朗克每周有四次讲座,一学期又一学期,学生一代又一代,他们都以能成为普朗克的学生而感到自豪。海因里希·格雷纳赫(Heinrich Greinacher)在成为大学教师后,将自己的新书《对实验物理学的补充》送给恩师普朗克。"如果有人问我:'作为您曾经的学生,我是否还能记起您的高尚品格?'答案当然是肯定的。我不仅对您的为人印象深刻,还有您的样貌、气质和非凡成就。作为一个还算有些天赋和上进心的学生,我时刻关注着您的工作与生活,并真心为您的成功而欣喜。"[67]

普朗克的教学和科研能力非同凡响,但他并无意成立自己的学派。每学期听讲座的学生大概有100人,其中大约50人会参加期末考试。3年的课程结束后,学生们会选择参加国家考试或继续攻读博士学位,但是很少有人敢选普朗克做导师。从教50年来,普朗克只有大约20名博士生。当然,他们大多数都是专业过硬的优秀学生。"我见证了几代人的成长,许多学生都在多年之后仍然感念我对他们的教导。我当然可以说出很多人名,但我不想因此造成误会,就好像我有意把一些人置于另一些人之后似的。我只想提两个学生:一位是马克斯·冯·劳厄(Max von Laue),他是优秀的物理学家，也是我忠实的朋友；另一位是莫里茨·石里克（Moritz Schlick），他在获得物理学博士学位后转而研究哲学。" [68]

有人问弗里茨·赖希，普朗克曾经给他做过几次博士论文辅导。他回答道："我一年能见到他的次数不超过两次，普朗克就是这样的人。他先提出问题，然后给我布置好任务。当我第二次见到他时，他会说：'我不想再说第二遍、第三遍。'接着我回答道：'任务已经完成了。'"

莉泽·迈特纳推测也许就是这个原因，普朗克才没有像阿诺德·索末菲（Arnold Sommerfeld）或者马克斯·玻恩（Max Born）一样创建自己的学派。"这肯定

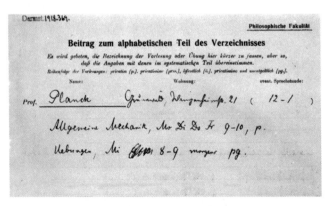

柏林大学物理学系的工作情况记录

不是巧合，而恰恰就是普朗克的风格。1894 年，普朗克在普鲁士科学院的就职演说中说:'我不够幸运，不曾有一位优秀的学者或者教师做我的引路人。'50 年后的普朗克在他的回忆录中也表达了同样的观点，对此他是心存遗憾的。他背负着很大的压力，担心自己不能对学生们的思想予以正确引导。何出此言呢? 或许是基于自身的成长经验，他认为幼年产生的高度自我导向性，可以超越任何外部力量成为一生的动力来源。"[69]

　　普朗克除了助手之外，通常只有一个博士生。和其他教授不同，他几乎从来没有组织过组内学术讨论。讲座或研讨会结束后，普朗克很快便离开教学楼。尽管他是理论物理研究所的所长，但研究所仅由一个满是专业文献的图书馆组成。

第6章

✠

研究所和大学的风云人物

量子论和相对论的提出开创了"德国物理学的黄金时代"。柏林成为科学研究的中心,全世界没有其他地方比柏林更适合学术讨论,普鲁士科学院、柏林大学、柏林工业大学和德国帝国物理技术研究所中涌现出大批优秀学者。自 1910 年威廉皇帝学会成立以来,首次出现双足鼎立的情况:由弗里茨·哈伯担任主席的威廉皇帝物理化学研究所和由奥托·哈恩(Fritz Haber)、莉泽·迈特纳负责的威廉皇帝化学研究所放射性研究组。

著名的普鲁士科学院也发生了重大变化:1912 年 3 月 23 日,马克斯·普朗克以 19 票赞同 1 票反对当选物理数学分部的常务秘书。根据章程,普鲁士科学院共设两个分部——物理数学分部和哲学历史分部,整个科学

普鲁士科学院大楼

院不设固定的主席，主席团由两个下属分部的 4 名常务秘书组成，每位常务秘书担任 4 个月的轮值主席。按照如今的说法，马克斯·普朗克算得上是临时主席之一。

　　普朗克在物理学界站稳脚跟后，他萌生了一个大胆的想法：吸收爱因斯坦为普鲁士科学院院士。爱因斯坦作为坚定的个人主义者和民主主义者，对普鲁士科学院的政治背景不敢苟同。此外，他十分满意在瑞士的工作。想要吸引爱因斯坦加入普鲁士科学院，就必须给予优厚的待遇。在普朗克的努力下，普鲁士科学院、柏林大学和威廉皇帝学会对此达成一致。1913年初夏，他

柏林大学校长普朗克

与能斯特一起前往苏黎世，为争取爱因斯坦做最后的努力：必须接受爱因斯坦为科学院的正式院士、威廉皇帝物理研究所所长和柏林大学教授，不强制其做讲座。6月12日，普朗克在物理数学分部的会议上递交了手写的选举提案。1913年12月7日，爱因斯坦同意于1914年4月1日就职普鲁士科学院。

1913年，普朗克被任命为柏林大学校长。在一年任期开始时，普朗克在就职演说中提到了100年前反对拿破仑一世的德意志解放战争。"今年是德意志解放战争胜利一百周年，我们永远不能忘记他们的浴血奋战和惨烈牺牲。愿我们的后裔将来也能不忘先人，不忘他们为祖国所做的贡献。"[70]

在柏林宣战

当时距离第一次世界大战开战还有一年，青年人将普朗克的演讲视为利器。社会各阶层欢呼雀跃，男女老少都对普鲁士的宣战欣喜若狂："皇帝陛下下令调动陆军和舰队，第一次行动的时间是 1913 年 8 月 2 日。"

8 月 3 日，在大学内举行了传统的基金会庆祝活动。"拥挤的礼堂里，人们兴奋与紧张的情绪已经达到极点，"庆祝活动的参与者们说道，"许多教授和学生都看到了前线部队士兵的身影。他们和他们的家人一样焦急地等待着校长的演讲，他们希望演讲的内容能够符合时代需要，满足听众的愿望。当普朗克校长登上讲台，首先开始阐述理论物理学难题与哲学的关系，对当今的时事却闭口不谈。他极力避免任何关于战争的暗示性言论。人们期盼着他能发表些尖锐的、激动人心的言论，然而却等来了如此冷静的演讲，一些听众不禁面露愠色。"[71]

随后，他的情绪突然高涨起来，尽管他极力克制自己，然而听众们仍然感受到了他的变化。此时，响起了德意志之歌，学生们清脆明亮的歌声与教师的歌声合而为一。这些智力超群的教师包括：瓦尔代尔（Waldeyer）、卡尔、拉森（Lasson）、吉尔克（Gierke）、德尔布吕克和哈纳克等，他们身着教袍神情凝重，尤其是乌尔里希·冯·维拉莫维茨（Ulrich von Wilamowitz）那雕塑般精致的脸上已经热泪纵横。[72]

德国军队在民众的欢呼声中入侵了中立国比利时。1914 年 9 月初，德军一度逼近巴黎，直到马恩河战役为其带来沉重一击。"9 月 6 日，在巴黎以东的讷维，埃尔温腿部中弹了。第二天开始的撤退行动中，他跟随克卢克军队一同被法国所俘。我试图通过发表演讲的方式安抚学生的情绪。本来预计参加演讲的学生人数是 200 人，而实际到场的却只有四五十个学生。但我依旧感到满意，毕竟我已经尽力了，感谢学生们体恤我，为我减少了工作量。"[73]

普朗克认为他的事业是崇高的，他的这种热情也感染了周围人，甚至连同他对敌人的恨意。尽管他有着强烈的民族意识，但并不赞同沙文主义。例如，在普鲁士科学院评选施泰纳奖时，有两位意大利物理学家的论文入选，而当时适逢意大利加入协约国。在1915年5月20日的会议上，分部内的两位成员认为：不能为敌对国的研究者加冕。普朗克却表示："他不会考虑其他的论文，因为在他眼中，意大利物理学家的论文是当之无愧的冠军。"[74]

协约国通过报道艺术珍品被毁，以及捏造或夸大战争暴行，使全世界对德国入侵比利时的愤怒得以持续。为了回击协约国"对文化界的倡议"，德方颇有挑衅性地写了一份宣言，宣言中每段都以"这不是真的"开头。93位学者和艺术家在这份宣言上签了自己的名字，其中不乏一些谨慎小心的大人物：阿道夫·冯·哈纳克、费利克斯·克莱因（Felix Klein）、威廉·康拉德·伦琴（Wilhelm Conrad Röntgen）和马克斯·普朗克。

93位知识分子的宣言给中立者们留下了极差的印象，"如果你们说'我们不能相信'，而不是'这不是真的'，没有人会因此责怪你们，"亨德里克·安东·洛伦兹在给威廉·维恩的信中说，"但现在你们已经以最严肃的方式说出了你们或许不知道的事情。我只想说一句话：'没有一个比利时公民的生命或财产该承受这些无妄之灾。'"[75]

马克斯·普朗克在1916年4月12日发表在鹿特丹《商报》上的一封致洛伦兹的公开信中反驳了"关于签署者缺乏考虑"的指责。"在我看来……宣言的签署体现了战争最初几周人们的爱国热情，而且可能意味是一种防御行为，尤其是针对德国军方对科学界和艺术界的错误指控：科学家和艺术家无意将自身事业与德国军方的事业分开。德国军队是武装的德国人民，和其他职业一样，科学家和艺术家也需要军方的支持。尽管如今处于战时，我仍然认为：精神和道德不属于国家斗争领域，保护弱小国家的世界文化遗产和尊重敌国人民个体权利，这与热爱祖国和勤劳工作一样，都属于最基本的道德规范。"[76]

被关押在拉罗谢尔附近的艾克斯岛的普朗克的小儿子埃尔温·普朗克会定期给普朗克寄信，这为忧心忡忡的父亲带来一些安慰。"大儿子卡尔目前正在德贝里茨参加预备军官培训，在 6 月中旬将奔赴前线。我的两个女儿，一个是当地军队医院的助理护士，另一个嫁给了前海德堡大学历史学教授费林（Fehling），他如今任格布韦勒战区司令部中尉。"[77]

1916 年 5 月 26 日，卡尔·普朗克在凡尔登战役中战死。"我们感到十分悲痛，"一位学生说，"几周后，当我们得知这件事时。想起普朗克当时竟然没有耽误任何一次讲座，也没有表现出任何悲伤的情绪。普朗克的助理每周去一次他的公寓，'那天普朗克教授异常亲切，'后来他回忆说，'他就是在那天收到了噩耗。'"[78]

1917 年新的苦难降临了。大女儿格雷特在 5 月 15 日去世。"我心爱的孩子在分娩后第 9 天就突发肺栓塞，在如花的年纪、生命最绚烂的时刻离开了我们。这给我们带来了沉痛的打击，在未来很长一段时间里，我们都会难以释怀。但我相信，时间和工作将会助我们走出悲伤。"[79]

原子结构一直是物理学界争论的重点。尼尔斯·玻尔（Niels Bohr）于 1913 年提出原子结构模型，这是继 1900 年普朗克的量子假说和 1905 年爱因斯坦的光量子假说之后，量子理论发展的第三步。普朗克对玻尔的独创性印象深刻，并期待着他的最终解决方案。第一次世界大战结束后，普朗克和玻尔想搬回柏林居住，但最终没能如愿。

阿诺德·索末菲在慕尼黑继续玻尔的研究。与普朗克和爱

普朗克与尼尔斯·玻尔

因斯坦不同，他培养了大批具有科研精神的学生与他并肩作战，普朗克与索末菲在写给对方的书信中提到了这点。在如诗般的书信中，索末菲称他的研究为"花束"，而这束花生长在普朗克 1900 年"精心维护"的新土地上。他认为普朗克是一个这样的研究者："你是那个小心翼翼开垦新土地的人，而我在上面发现了一束花。"对此，老朋友普朗克回信说："我摘一朵，你采一朵，我们一起编织成一束花，把花束送给别人时，就构成了最美丽的花环。"[80]

事实上，普朗克、索末菲和爱因斯坦三人均硕果累累，随着三颗新星的冉冉升起，德国理论物理学真正的

鼎盛时期到来了。爱因斯坦是天才，普朗克是权威，索末菲是导师。

1918 年年初，物理学家们决定，隆重庆祝普朗克的 60 岁寿辰。时任德国物理学会主席的爱因斯坦给在慕尼黑的索末菲写信："我们计划 4 月底举行普朗克 60 岁寿辰的庆祝活动。如果您能在生日宴上就辐射和量子理论研究的最新成果发表演讲就好了，这会令普朗克本人和所有参加者十分开心。"

4 月 26 日，普朗克生日后第三天，庆祝活动在柏林大学物理教室里举行，参加者均为柏林物理学界内外知名人士。许多物理学家携妻子一同出席，氛围欢快愉悦，颇有家庭聚会的感觉。埃米尔·沃伯格（Emil Warburg）做开场白，接着马克斯·冯·劳厄发表了题为"普朗克的热力学研究"的演讲，索末菲紧随其后演讲了"关于量子的发现"的内容，爱因斯坦的发言庄严而隆重，对普朗克表示高度赞赏。

物理学是一座多功能建筑，是一座科学圣殿。不同的人出于不同的原因走进这座圣殿从事科学研究。只有少部分人是因为热爱科学事业和物理学能带给他们精神愉悦感。与科学工作相对的是体育活动，可以带来身体力量的变化和雄心壮志的满足。有许多人为了功利目的而进入这座科学圣殿，希望凭借自己的小聪明找到捷径。如果天使把这类人全部驱逐出圣殿，那么圣殿可能会被清空。但是，圣殿中仍有一些虔诚的热爱科学的人，普朗克就是其中之一，这就是我们爱戴他的理由。

普朗克向往莱布尼茨提出的"先定和谐"，这为普朗克在科研中的耐心和毅力提供了不竭动力。同行们提起普朗克，便将他的成功归结于非凡的意志力与自我约束力，我却不这样认为。普朗克对科学研究的态度是虔诚与忠诚的，如同宗教信仰或者陷入爱恋，他日复一日的努力并非因为抱有某种意图或计划，而是为了满足个人内在需求。

我们亲爱的普朗克现在就坐在这里，微笑着摆弄着第欧根尼①式的灯笼。他不需要任何人的同情与怜悯。[81]

---

① 第欧根尼（Diogenes，约公元前412—前323年），古希腊哲学家，犬儒学派的代表人物。他认为除了自然的需要必须满足外，其他的任何东西，包括社会生活和文化生活，都是不自然的、无足轻重的。他强调禁欲主义的自我满足，鼓励放弃舒适环境。——译者注

几个月后，科学圣殿中出现了不和谐的声音。1918年11月9日，普鲁士皇帝退位的消息成为舆论头条。菲利普·谢德曼（Philipp Scheidemann）和卡尔·李卜克内西（Karl Liebknecht）宣布人民获得胜利。社会民主党人在国会大厦内的窗前宣布了自由共和国的成立，共产主义者在王宫的阳台上宣布无产阶级取得统治权。从政府区开始的武装冲突也波及了普鲁士科学院，武装巡逻队强制进入科学院内并展开暴力搜查。

科学家们不理解，革命行动就这样暴露在他们眼前，他们应该做点什么？一些人表示忠于皇室，并希望通过解散普鲁士科学院的方式来表达对新政权的抗议。一些谨慎的科学家建议，可以等新政权势头减弱的时候再解散。普朗克坚决反对这些计划，"在这个风雨飘摇的时代，如果科学院现在不再举行学术会议，应该不会产生太多的研究新进展。因此我认为，我们恰恰要继续科学研究事业。我们有理由相信，不幸的日子终将过去，更好的时代即将到来。他们的暴行从科学界开始，从思想领域开始，从德国最美好、最珍视的东西开始，那我们如今应该做的，就是像一百年前一样将它从分崩离析的边缘拯救回来"。[82]

100 年前，弗里德里希·威廉三世（Friedrich Wilhelms Ⅲ）曾对从拿破仑占领下的哈勒大学逃出来的教授们说道："这个国家必须用她精神上的力量来弥补物质上的损失。"后来，普鲁士还是迎来了社会的思想活跃，以及在科学领域取得进步。普朗克认为，这一次也应该是这样："我们感谢当时将国家从黑暗引向光明的科学家。如果今天我们也继续坚持科学研究，那么我们的后代也终将感谢我们。"[83]

新国家的确会感谢这些忠君的科学家。实际上，共和国比帝国更加重视科学发展。普朗克的口号"继续坚持工作"起到了积极的作用，德国在科学领域，尤其是物理学领域取得了新的、更大的成功。然而当普朗克1933 年出于责任感再次喊出这句口号时，却没有得到重视。

皇帝的退位令普朗克既悲伤又震惊，德国在第一次世界大战中的失败也给了他沉重的打击。他希望德国通过科技进步实现复兴。即使在战后的混乱时期，普朗克也从未停止工作，他像之前一样继续他的研究，履行他的职责。当发生罢工时，他只得从家走到学校。当蒸汽机车满员时，他就站在登车板上，从不会想到打车前往。

"房子里变得安静了，我现在与妻子和 7 岁的小赫尔曼住在一起。女儿和女婿在海德堡，儿子埃尔温在柏林国防部工作。"[84]

至暗时刻来临，德国签订了《凡尔赛和约》，真是国家的耻辱。1919 年 11 月中旬，诺贝尔奖委员会在斯德哥尔摩宣布 1918 年诺贝尔物理学奖获得者为马克斯·普朗克。20 年前，普朗克发现的常量 h 和量子公式 $\varepsilon = h\nu$ 推动了物理学发展，因此授予他最高科学荣誉。

然而，这份获奖的喜悦突然被苦痛打断了。1917 年，他女儿格雷特在产下第一个孩子时去世了，孩子只能由她的双胞胎妹妹艾玛抚养，后来格雷特的丈夫与艾玛结婚了。1919 年 11 月 21 日，艾玛也因难产去世，婴儿幸存下来。"普朗克的不幸让我感同身受，我的眼泪无法抑制。当我从罗斯托克回来时，去探望了他。尽管他极力表现出勇敢和坚定的样子，悲伤却难以遮掩。"爱因斯坦写道。

普朗克必须竭尽全力来伪装自己。"我衷心感谢有你们同我一起分享生命中的快乐与痛苦。我竭尽全力研究这世间的'荒谬'之事，试图用科学的方法进行解释。然而，最后却失败了。"[85]

1920 年 6 月初，马克斯·普朗克受邀前往斯德哥尔摩参加诺贝尔奖颁奖典礼。本该在 1919 年 12 月 10 日举行的阿尔弗雷德·诺

双胞胎姐妹艾玛和格雷特

贝尔的悼念活动由于第一次世界大战的原因，也推迟到来年的初夏。颁奖礼当天，有来自德国的 5 位获奖者登台领奖：物理学奖获得者马克斯·冯·劳厄、约翰内斯·斯塔克（Johannes Stark）和马克斯·普朗克，化学奖获得者理查德·威尔斯泰特（Richard Willstätter）和弗里茨·哈伯。令普朗克最高兴的是，他的学生马克斯·冯·劳厄也站上了领奖台。对于政治来说用处最大的就是弗里茨·哈伯的发明。弗里茨·哈伯于 1909 年发现了从氢和氮元素中合成氨的方法，从而提高了氨的生产效率，氨也因此被称为"空气中的面包"。第一次世界大战期间，哈伯被协约国称作"毒气战之父"，因此进入了德国战犯名单。虽然哈伯的发明为战时的德国

做出了巨大贡献，但这位"爱国者"却遭到了世界舆论的唾弃。

哈伯有一种对科学家来说比较罕见的幽默感。有一次，他满头大汗地爬山回来，与一头满是汗的牛同时将头埋在水里降温，哈伯打趣道："我和牛在水下换了头。"

普朗克担心，反战科学家对哈伯的不满情绪会造成颁奖典礼的骚动。1917年诺贝尔物理学奖获得者查尔斯·格洛弗·巴克拉（Charles Glover Barkla）向德国科学家尤其是哈伯发难。"哈伯表现得非常友善，我们也对巴克拉进行了礼貌回应。颁奖礼的气氛基本和谐，所有步骤流程都进行得有条不紊。然而，我们都知道，这只是表面和谐罢了，我们再也回不到1918年皇帝退位前的冬天了。"[86]

第7章

物理教授

正如普朗克所说，战前德国的世界强国地位是建立在军队、工业和科学之上的。如今，德国军备受限，工业严重受损，只有科学仍然占据一席之地。普朗克感觉自己担负着发展德国科学——帝国最后遗产的重任。"当敌人夺取了祖国的武器和权力，内部危机四伏时，只有科学不会抛弃德国。而大学作为国家最权威的科研机构，是进一步发展科学事业、巩固德国世界地位的最强力量。"[87]

经济的迅速衰退为科学发展带来新的困难。战时为了支援前线部队，许多科研机构被迫捐赠物资和仪器。在预算并未增加而价格飞涨的战后，赎回之前的仪器设备无疑是不可能的，而添置新设备更成了无稽之谈。与此同时，国外不断报告使用新设备和新工艺后所取得的科学突破。德国科学作为德国重回世界舞台的唯一支持，也在面临衰退。

弗里茨·哈伯在和前普鲁士文化部部长弗里德里希·施密特－奥特（Friederich Schmidt-Ott）的一次谈话中，提出了成立德国科学紧急协会的想法。马克斯·普朗克和阿道夫·冯·哈纳克二人成为组建该协会的最佳人选。尽管德国国内政治动荡，内战一触即发，但是所有科学家仍一致同意促成此次非政治的、跨学科、跨区域的合作。1920年3月25日，普鲁士科学院开始落实该计划。4月19日，普朗克作为常务秘书向弗里德里希·施密特－奥特主动请缨，以促成德国科学紧急协会的建立。"鉴于目前德国科学发展的困境，普鲁士科学院筹划建立德国科学紧急协会，该协会将与其他德国大学合作，致力于评估实际情况并最终提出解决方案。"[88]

德国科学紧急协会主席弗里德里希·施密特－奥特

1920 年 10 月 30 日正式成立的德国科学紧急协会是德国学者的自救和自治组织，共同协商和平衡各方利益是科学进步首先要解决的问题。协会制定了一项应急预案，从而避免了资金短缺引发的无端争斗。在所有协会成员共同努力下，政客和部长官员也同意了协会提出的请求。以前，科学纯粹是国家的事情；现在，这个备受摧残、为生存而挣扎的帝国只能起到辅助作用了。

德国科学紧急协会由各个学科委员会组成，委员会成员均为德高望重的科学家，他们从专业角度评估申请报告，协会主席团和总委员会负责平衡各个学科的利益。弗里德里希·施密特－奥特是德国科学紧急协会主席，弗里茨·哈伯是副主席。马克斯·普朗克是总委员会 11 人小组成员之一，为协会发展做出了极大贡献。"普朗克是一位伟大的物理学家。他处事冷静，具有卓越的洞察力。作为普鲁士科学院常任秘书，促成了德国科学

1920 年的普朗克

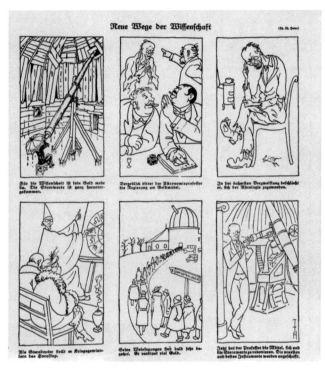

《科学困境》，摘自《痴儿报》

紧急协会的成立。"施密特－奥特评价说。

1922 年，德国科学紧急协会从日本实业家保志（Hoshi）和美国通用电气公司获得外汇支持，这些资金被集中用于原子物理学研究。普朗克担任电磁学委员会主席，负责资金的分配，还制定了缩短资金申请流程的程序。尽管普朗克在工作中"反对任何危险的冒险"，并尽可能长时间地坚守旧的公式定理，但他却并不拒绝新理论。针对反对物理学界"盲目创新"的观点，普朗克做出回应："这是有道理的。过去的物理学简单而和谐，因此更容易获得人们的满意与信赖。如今，情况发生了变化，新思想层出不穷。它们并非是多余的附属品，而是从新现象中得出的新结论，具有必然性。尽管修改方向仍未确定，但旧观点不能完全保持不变。如果拒绝进一步的研究或忽略这些创新性思想，我们就会停滞不前，甚至落后于其他国家。令人欣慰的是，在德国并未出现打压性行为。新思想必然会受到质疑，并引起科学界的不安，这是过渡时期的必经之路。"[89]

电磁学委员会鼓励颠覆传统观念的研究，支持有望解决量子难题的新假设，资助相关实验和理论研究领域。最终的结果也并未辜负普朗克的期望。"新成果的诞生对物理学的发展具有重大意义，在某些情况下甚至是根本性改变，如海森堡和玻恩的新发现。如果没有电磁学委员会的支持，这些新成果便不会在德国产生，电磁学委员会为德国物理学的发展做出了巨大贡献。"[90]

科学在第一次世界大战后的困难时期仍然取得了长足进步。在1000多位从事基础物理研究的科学家中，竟有 500 多位年轻物理学家获得经济资助。通过这种方式，爱因斯坦也将一些年轻的研究人员引入科学轨道。"毋庸置疑，爱因斯坦找助手的最便捷途径就是通过德国科学紧急协会，因为它有足够的资金和善意，工作效率也高于政府部门。"[91]

多亏了德国科学紧急协会的帮助，爱因斯坦在柏林的工作体验非常愉快，但政治引发的巨大隐患却难以消除。1920 年 9 月 19 日，在德国巴特瑙海姆举行的自然科学家与医生大会上，阿尔伯特·爱因斯坦和菲利普·莱纳德（Philipp Lenard）就广义相对论展开了激烈讨论，莱纳德公然带有反犹太主义倾向对爱因斯坦进行了尖锐、恶毒的攻击。幸运的是，主持会议的马克斯·普朗克成功阻止了这场骚动。若不是他处事冷静，后果简直不可想象。

两年后，爱因斯坦在给他的朋友莫里斯·索洛文（Maurice Solovine）的信中写道："拉特瑙①惨遭杀害后，德国社会反犹太主义情绪异常高涨。我也一直被警告和

---

① 瓦尔特·拉特瑙（Walther Rathenau，1867—1922），德国犹太实业家、作家和政治家，魏玛共和国外长。第一次世界大战结束后，成为德国民主党领袖。1921 年任德国魏玛共和国复兴部部长。1922 年任德国魏玛共和国外交部部长。1922 年 4 月出席热那亚会议，为打破当时德国在欧洲的孤立局面，同苏俄签订《拉巴洛条约》。同年 6 月回国后于 24 日被右翼民族主义分子暗杀。——译者注

威胁。他们不让我上课，那么我便对外声称停课，却暗地里继续讲课。协约国对德国的百般刁难将再次迁怒犹太人。"爱因斯坦已经同意在即将到来的"德国自然科学家和医生协会百年庆典"上发表演讲。现在，爱因斯坦却拒绝了邀请。庆祝活动在莱比锡举行，马克斯·普朗克当选为自然科学家和医生协会的主席，负责庆典的筹划工作。他对反犹太分子的威胁感到非常愤怒，竟然破天荒地说了脏话。他愤慨地谈到这伙在黑暗中肆无忌惮的杀人犯[92]，"爱因斯坦的来信就像晴天霹雳一样击中了我，这些恶棍已经开始插手具有历史重要性的科学研究领域了。因此，爱因斯坦将不会在9月18日的自然科学家大会第一届全体会议上发表关于'物理学中的相对论'的演讲，这届会议的含金量因此降低了"。[93]

1923年11月初，爱因斯坦收到死亡威胁信。他立即前往荷兰，并受到了保罗·埃伦费斯特（Paul Ehrenfest）的友好招待。之后，厌倦斗争的爱因斯坦再次受到威胁，称他就应该接受国外邀请，从此离开德国。他的同事们尤其是在柏林的朋友们纷纷声援爱因斯坦。马克斯·普朗克对反犹主义者的死亡威胁及逼迫爱因斯坦离开德国的行径感到愤怒。"这些臭名昭著的、

参加电磁学委员会会议的成员

见不得光的无耻之徒彻底激怒我了，他们竟敢逼迫您离开家乡，他们是忘记了您的学术影响力吗？更令我心痛的是，您竟真的无意回国。然而我依然衷心地希望您目前最好按兵不动，以防他们永久限制您回柏林。"[94]

爱因斯坦的同事们对他关爱有加，纷纷劝他慎重决定。希特勒于1923年11月9日在慕尼黑发动了"啤酒馆暴动"，最终以失败收场。然而，爱因斯坦仍然坚持离开德国。12月5日，普朗克写信给洛伦兹："前几天因为爱因斯坦的事情，愤怒和羞愧这两种情绪相互交织困扰着我。这个被全世界科学家羡慕的天才物理学家，竟然因为政治阴谋被迫离开他在祖国的工作。"[95]

普朗克的工作任务逐年增加。直到 1921 年 4 月
1 日，他才将理论物理研究所的管理权移交给马克
斯·冯·劳厄。普朗克继续开展历时 6 个学期的周期性
讲座。因其上课时语言精练，学生们都说"普朗克出口
成章"。经过几十年的积累，普朗克的讲义逐渐成为学
生们的教科书，最后一卷于 1930 年出版。

各类会议占据了普朗克的大部分时间。在普鲁士科
学院，他要参加全体会议、物理数学分部的会议和秘书
处会议；在柏林大学，要参加教师会议、委员会会议和
物理研讨会，准备试听课，参与考试与成绩评定；还有
威廉皇帝学会的决议会、德国科学紧急协会的委员会会
议和德国物理学会的会议。

很多赫赫有名的科学家都曾经旁听过普朗克的讲
座，如爱因斯坦、劳厄、瓦尔堡、哈恩、迈特纳、哈伯
和能斯特。普朗克总是分秒不差地出现在教室，以至于
他一进入教室，人们就可以校准钟表。有一次他提前了
4 分钟，竟引起了轩然大波，原来是因为普朗克当时外
出讲学，返程的火车提前 4 分钟到达弗里德里希大街站。

1923 年 6 月，普朗克受索末菲之邀前往慕尼黑，进

行为期一周的客座讲座。他曾这样描述这次外出讲学："讲座本来应该定在 1 月 6 日到 13 日这周，结束后刚好可以去维也纳参加生日庆祝会。但现在问题来了，我看了 1924 年的日历，1 月 1 日到 5 月 1 日我将担任 4 个月的轮值主席，上次轮到我还是 16 个月前的事情。这 4 个月中，我得每周组织一次院内会议，协调来自各个学科同事之间的关系，与各部门负责人商讨讲座、考试的时间和内容。另外，我可能还要负责主持 1 月 24 日的弗里德里希的会议。很遗憾，我不属于那些具有过人天赋的群体，他们兴趣广泛，可以充分利用一切碎片化时间去思考，并很快找到新方向。相反，我很难迅速离开熟悉的领域，不能做到伺机而动。"[96]

马克斯·普朗克仍然活跃在科学领域，继续发表原创性论文。这些论文的学术价值虽与他的早期文章不可同日而语，但同样有助于完善现有理论。1899 年和 1900 年常量 h 的发现和量子理论的创建是这位天才科学家不可复制的高光时刻。物理学史家汉斯·希曼克（Hans Schimank）将其称为一条心理学定律，即理论物理学研究者一生只能实现一次的划时代的突破。

自普朗克公开承认爱因斯坦的狭义相对论后，他的概述性论文在物理学界广泛传播。在论文中，他整理了同事们的研究成果，并且提出了新问题。普朗克的专业判断力极强，凡经他认可的新理论都被验证为是科学的，凡是他怀疑的都被贴上"有争议"的标签。因此，许多同事在公布新成果前都会来向这位"大师"请教，希望能得到他的积极判定。1926 年春天，普朗克收到了埃尔温·薛定谔（Erwin Schrödinger）寄来的波动力学著作的校样。"您可以想象一下，当我可以参与这些划时代研究是何等兴奋。实际上，提高新理论的认可度却并不容易。我花了大量时间做出尝试，希望人们能够逐渐接受并最终习惯使用新理论。"[97]

1926 年 10 月 1 日，时年 68 岁的普朗克结束了 46 年的教学生涯，光荣退休。柏林大学第一个理论物理学教授的职位对物理学的重要性就像康德对哲学的重要性一样。谁可以成为继任者呢？爱因斯坦无疑是学界公认的最伟大的物理学家，而他当时已经在柏林承担其

普朗克与妻子玛加在苏联

他工作。普朗克最忠诚的得意门生马克斯·冯·劳厄也是同样的情况。在普朗克的倡议下产生了三位候选人：索末菲、薛定谔和玻恩。唯一令普朗克伤心的是，他推选的三位候选人均未主动提出申请。

索末菲因在慕尼黑的巨大影响力而婉拒了邀请。最终推选埃尔温·薛定谔继任教授席位。一方面，这位在苏黎世教书的奥地利人热爱大自然，尤其是阿尔卑斯山，对大城市的生活感到畏惧。另一方面，柏林大学物理系人才济济，学术氛围好，激励措施多样，是世界上最有影响力的研究中心。薛定谔在权衡利弊后，仍然犹豫不决。1927 年 7 月，薛定谔在与普朗克的谈话中决定接受这一职位，他在普朗克的访客登记簿中写道："经过长时间的通信往来与谈话，我对您十分敬佩。当您徐徐说出，'那样我会非常高兴'时，我立刻下定了决心。"[98]

在薛定谔提出新波动力学理论的 6 个月前，马克斯·玻恩、维尔纳·海森堡和帕斯夸尔·乔丹（Pascual Jordan）三人提出了矩阵力学。两种新理论确立了自 1900 年普朗克创建量子理论以来一直探究的微观原子的计算规则。物理学家们认可新规则的正确性，但在阐释方法层面却产生了不同的意见。由玻恩创立，海森堡和玻尔发展的矩阵力学理论，遭到了薛定谔和爱因斯坦的猛烈攻击，"上帝不会掷骰子！"

在 1927 年深秋的两次会议上确立了矩阵力学理论的正确性，一次是在科莫举行的物理学家亚历山德罗·伏打（Alessandro Volta）逝世 100 周年悼念会；另一次是在布鲁塞尔举行的第五届索尔维大会。尼尔斯·玻尔用自己的语言解释了爱因斯坦的思想实验，并与两位年轻人维尔纳·海森堡和沃尔夫冈·泡利（Wolfgang Pauli）共同提出"哥本哈根解释"。"我们度过了一个美好的秋天。先去了泰根湖和蒂罗尔，接着去科莫参加伏打的悼念活动，听到了许多新奇有趣的学术观点，幸好没有任何政治因素参与其中。现在我要去布鲁塞尔参加索尔维大会，虽然会有些辛苦，不过会议内容会非常有趣。等旅行结束，我就又可以继续我的日常生活了。薛定谔将要做有关量子力学的讲座，讲座肯定会大受欢迎的。"[99]

几位在柏林工作的物理学家：薛定谔、劳厄、普朗克和爱因斯坦拒绝承认量子理论的"哥本哈根解释"。当玻尔和海森堡踏上创新之路时，曾经不顾一切的爱因斯坦也成了保守派的代表。如今，物理学家认为"哥本哈根解释"恰恰是普朗克量子理论的必然结果，"在决定论和非决定论的斗争中，我仍然坚定地支持决定论。研究中之所以出现问题，是因为提出了错误的问题假设"。[100] 后来，普朗克多次在演讲中表达了这一观点，其中包括：1930 年 11 月 12 日在哈纳克之家关于"实证主义和真实的外部世界"的演讲，1932 年 6 月 17 日在伦敦物理学会做了有关"自然中的因果关系"的讲座，1937 年 12 月 4 日在慕尼黑工业大学就"决定论和非决定论"发表观点。

事实证明，普朗克的担忧完全是不必要的。年轻时，他也曾与传统对抗。而如今，他的亲身经验也同样适用于新生代物理学家，"一种新的科学性理论取得胜利，并非通过宣告反对者已经完全被说服，而是随着反对者的离世，新兴一代逐渐崛起"。[101]

1928 年，普朗克举办了 70 岁生日宴，这次他只邀请了亲戚们。因为第二年物理学界还将举办庆祝普朗克获博士学位 50 周年的纪念活动。1879 年 6 月 28 日，时年仅 21 岁的普朗克在慕尼黑获得博士学位。对于一个科学家来说，50 周年纪念代表对其一生科研工作的肯定。此次庆祝活动，不仅仅针对普朗克本人，整个物理学界均深感与有荣焉。普朗克不仅开创了属于他的科学新时代，而且凭借过人的智慧和较高的学界地位，为所有物理学家创立了一个"黄金时代"。

为了纪念普朗克对物理学做出的巨大贡献，物理学界决定设立马克斯·普朗克奖，该奖至今仍然是德国物理学会的最高奖项。马克斯·普朗克奖虽不设任何现金奖励，但依然享有盛誉。1929 年 6 月 28 日，在普朗克获博士学位 50 周年纪念日当天，评选委员会将第一枚和第二枚奖章分别颁发给阿尔伯特·爱因斯坦和马克斯·普朗克。

费利克斯·克莱因曾将这位伟大学者的一生比作一条河流："先是汹涌澎湃，充满曲折和突破，然后平静宽广，最后分叉成千万条河道。"普朗克的影响早已超出了物理学范畴，

马克斯·普朗克奖奖章

在其他领域仍然有他的身影，他早已将个人命运置之度外，事业是他的生命重心。

普朗克具有很强的时间管理能力，在有限的时间内，他能够完成多项任务。与普朗克同住万根海姆大街的君特·格拉斯曼曾这样描述普朗克的一天。"他每天

Nummer
27
7. Juli 1929

Zeitbilder

Beilage zur
Vossischen
Zeitung

Deutschlands große Physiker.
Prof. Planck überreicht am Tage seines goldenen Doktorjubiläums die für Fortschritte auf dem Gebiet der theoretischen Physik geschaffene
Planck-Medaille seinem Fachgenossen Albert Einstein.

1929 年 7 月 7 日《时代画面》报头版刊登了普朗克与
爱因斯坦的会面

都在 8 点整开始吃早餐。他边吃饭边翻看由妻子送来的邮件，很快就能构思好回信内容。饭后，他走进位于一楼的书房，开始工作。整栋房子在上午必须保持绝对安静。事实上，我们都是蹑手蹑脚地经过楼梯间，原本放在那里的电话被放到了其他的地方，以防止电话铃声打扰到在书房办公的普朗克。整个上午，普朗克都沉浸在工作之中。然后，他与家人一起共进午餐。短暂的午休后，普朗克坐到钢琴前，首先演奏的是巴赫、海顿的音乐，然后是勃拉姆斯和舒伯特的音乐，之后便是自由弹奏时间。1 个小时后，普朗克出门散步，每次的路线都不相同。下午晚些时候回到家，开始打电话。晚上通常是各种形式的社交与聚会活动。除此之外，这位 70 岁的老人每周做一次体操。如果一周内还有时间的话，他也会和熟人或妹夫海因里希·冯·赫斯林（Heinrich von Hoeβlin）一起玩纸牌。"

周日，他会进行长途徒步旅行。据说很少有人像他一样如此了解柏林周边地区。一旦他决定从柏林徒步到波罗的海，凭借他一贯的坚持，在连续 3 年的五旬节假期中，他每年都走了这段路程的 1/3。

年轻时他经常与好友约瑟夫·约阿希姆共同演奏

普鲁士科学院莱布尼茨会议

小提琴，现在是和新结识的小提琴家卡尔·克林格勒（Karl Klingler）。阿尔伯特·爱因斯坦会经常与妻子艾尔莎（Elsa）、继女伊尔莎（Ilse）和玛戈特（Margot）一起来看望普朗克。普朗克弹钢琴，爱因斯坦拉小提琴，普朗克的小儿子埃尔温拉大提琴，三个人共同演奏三重奏曲。

威廉皇帝学会主席、神学家阿道夫·冯·哈纳克于1930年6月10日去世。根据规定，由时任副主席的普鲁士和德意志帝国军队勋章获得者接任主席，普朗克升任副主席，但后来普朗克被任命为威廉皇帝学会主席。

经过长时间的思考，普朗克才决定接受这一重任。一些会员刚开始也心存疑虑，但很快便认可了他。"普朗克加入学会时间不算短，但他不引人注目。大家都知道他在国际科学界占有一席之地，其贡献甚至超过哈纳克。但普朗克为人谦逊，从来不会主动发言。普朗克决定担任主席是正确的。如今，学会重点发展自然科学，因此亟须一位自然科学家领导者接替神学家哈纳克。为了巩固学会在国际上的声誉，最好是由世界公认的物理学家担任这一职务；为了保证学会的独立性和权威性，不能有政界人士的参与。除此之外，作为德国最高科研机构的领袖，主席还需要有很强的个人影响力。哈纳克就是这样的人，他光芒四射，具有卓越的演讲天赋。与之不同的是，普朗克的影响力就在于他的沉默和谦虚，这使他远离政界和科学界的喧嚣。后来，普朗克获得了所有学会成员的尊重和爱戴。"[102]

1930 年 7 月 18 日，普朗克就任新职务。一个月后他和往年一样开车前往瑞士度假。根据好友恩斯特·韦尔夫林的建议，他先去了巴塞尔。几天后，他写信给恩斯特·韦尔夫林，"接下来我们想从伯尔尼高地经阿莱奇冰川到达萨斯费，现在我想问您是否可以推荐一家在劳特布龙嫩镇山里的、最好是靠近米伦的酒店。这样我们就可以在开始冰川之旅前，在山里先住 5 天，安静地欣赏美景"。[103]

那次的旅行普朗克基本按照之前规划的进行，但也出现了一个小变动。与韦尔夫林建议的在少女峰上的山屋租一间房间不同，身为威廉皇帝学会主席的他却最终选择了一家拥挤的客栈过夜。"对他来说，找到一个单间很容易，因为少女峰研究中心隶属于威廉皇帝学会。但普朗克认为，单间对于他来说过于奢侈了。"

柏林物理学家和美国访客——能斯特、爱因斯坦、
普朗克、密立根（美）和劳厄

第 8 章

纳粹德国

纳粹政权结束了"德国物理学的黄金时代"。在"扩张德国"的口号下，科学家们被迫离职。首先是爱因斯坦被赶出柏林普鲁士科学院。

1933 年年初，阿尔伯特·爱因斯坦在美国进行巡回演讲。他激烈地批判德国的专制统治和随意逮捕行为，各大德国报纸对此也做出回击。爱因斯坦和"新国家政权"的关系濒临决裂，普朗克对此万分沮丧。

对于具有崇高精神和深厚国家意识的普朗克而言，他几乎无法想象，反犹行动拉开了阴谋计划的大幕。和许多其他人一样，他混淆了因果关系。1933 年 3 月 19 日，普朗克写信给爱因斯坦："得知您在这个动荡的困难时期进行了各种形式的政治性示威活动，我深感悲痛。

不知这是不是真的，希望一切只是传言。然而，媒体的相关报道已经让欣赏和拥护您的人不敢再站出来支持您。您知道，您的族人将面临更大的压力，处境将更加恶化。"[104]

3月29日，普鲁士文化部专员敦促科学院处分爱因斯坦。普朗克认为事态已经没有回旋的余地，"因为两种世界观发生了碰撞，并且彼此不兼容，两者我都无法完全理解。记得我们讨论过关于兵役的话题，而您反对兵役的言论我不敢苟同"。[105]

20年前，普朗克将年轻的爱因斯坦带到了柏林大学。两位伟人互相欣赏，并彼此建立起深厚友谊。尽管政治观点、年龄和性情各不相同，但两人惺惺相惜。普朗克很难做出罢免的决定，但他却又不得不履行职责。从他举荐爱因斯坦加入普鲁士科学院开始，就从未质疑过爱因斯坦的科学理论和个人品质。正因如此，如今他只能向爱因斯坦提出自愿辞职的要求。

我不知道您在离开美国之前是否收到了我的两封信。一封信中我建议您向科学院请长假；另一封信是关于您的发声在德国所引发的消极舆论，您的支持者们因此受到了牵连。

与此同时，形势更加严峻，我对未来事态的发展十分担心。今天我在报纸上看到，您已通知德国驻比利时大使馆，打算放弃德国国籍，退出普鲁士科学院。如果消息属实，我认为这确实是唯一的解决方法。一方面对您与科学院双方来说都是一种比较体面的结束方式；另一方面，也可以保护您的朋友免遭影响。这就是我如此急切地给您写信的原因。

此外，我向您保证：尽管我们的政见存在巨大分歧，但友谊长存。[106]

普朗克于 3 月 31 日前往西西里岛度假的途中写下了上面这封信。与此同时，爱因斯坦已经辞去了他的职务，"我认为，科学院可能更想由我主动提出辞职"。事实上确实如此，这样科学院也可以免受指责，得以保持尊严。但"爱因斯坦案"不可能这么快解决。对于纳粹分子来说，爱因斯坦不仅仅是一位有犹太血统的科学家，他还是一名坚定的民主主义者和和平主义者，多年来一直与法西斯主义者和民族主义者斗争，也因此成为二者的重点打击对象。

纳粹分子的夺权上台为"清算"提供了机会，他们利用一切机会打击反对者。应普鲁士文化部专员"紧急命令"的要求，担任学院秘书的法学家恩斯特·海曼（Ernst Heymann）在其他三名秘书缺席的情况下签下了一份可耻的声明，并于4月1日"犹太人抵制日"当天发表。政府对犹太人的抵制行动波及了大学、商店等城市各个角落，实属无耻之举。

恩斯特·海曼在普鲁士科学院"愤慨地"控诉阿尔伯特·爱因斯坦"支持法国和美国的煽动性暴行"，并且"丝毫不为爱因斯坦的离开感到惋惜"。

普朗克在意大利陶尔米纳待到4月底。在此期间，他收到了远在他乡的老友——爱因斯坦的来信：

我没有参与"煽动性暴行"。我认为，科学院只是在外部压力下才发表这样的诽谤性言论。但即便如此，科学院的名声也受到了影响，科学院的有些科学家们都因此感到羞愧。您可能听说过，我在德国的财产就是因为这种不实指控而被没收的。他国可能完全无法想象，在我身上居然会发生这样的事情。也许有一天，那些正直的人会为政府的卑鄙之举而感到羞愧。德国的国际影响力确实给了我极大的支持，近年来媒体右翼势力的攻击性言论从未给我带来困扰。但现在，纳粹政府对手无寸铁的犹太族人发动歼灭战，这迫使我利用我的国际影响力来支持他们……

尽管如此，我很高兴您能顶住压力与我保持朋友关系。可以说，无论接下来发生什么，我们的友谊都将一直持续。我与劳厄的关系也是如此。爱因斯坦向您和您的妻子致以诚挚的问候。[107]

普朗克回国后，科学院于 5 月 11 日再次受理"爱因斯坦案"。普朗克认为，作为"国家最杰出的科学权威机构"的成员必须对政府保持忠诚。在这一点上，"爱因斯坦先生本人深感抱歉，他知道由于自己的政治主张与行为，不可能继续留在科学院"。他同时表示："科学院的同事和绝大多数德国物理学家都认为，爱因斯坦先生是一位杰出的物理学家，他提出的理论推动了 20 世纪物理学的研究进程，可以与约翰内斯·开普勒和艾萨克·牛顿比肩。我今天必须将爱因斯坦的成就说出来，以免后人认为他的同事们都不认可他在科学领域的地位。"[108]

阿尔伯特·爱因斯坦

纳粹政府的专制主义行动很快接踵而至。4月7日，纳粹政府颁布了《重设公职人员法》，下令解雇所有非雅利安人和与纳粹原则不相符的公务员，1914—1918年的参战人员除外。据此，特权被法律赋予了合理性。继爱因斯坦之后，理查德·库兰特（Richard Courant）、马克斯·玻恩、詹姆斯·弗兰克（James Franck）、奥托·斯特恩（Otto Stern）和弗里茨·哈伯也被迫离开，埃尔温·薛定谔主动辞职。更严重的是，许多年轻研究人员纷纷离职，包括未来的诺贝尔奖获得者汉斯·贝特（Hans Bethe）、费利克斯·布洛赫（Felix Bloch）和玛丽亚·格佩特－梅耶（Maria Göppert-Mayer）。总共约有 150 名优秀物理学家移居国外，他们大多是前往美国。

与 1918 年的革命一样，普朗克的口号仍然是："继续坚持工作。"当纳粹分子无情地破坏德国科学时，普朗克却用尽全力来维持这个复杂有机生命体的生存。"我认为薛定谔的辞职是德国物理学界的巨大损失，我们必须挺过去。"[109] 普朗克没有想到，今时不同往日，他的决定可能是错误的，他在无意义地掩饰伤口，向世界隐藏不公。

威廉皇帝物理化学研究所的科研人员流失惨重，普朗克为了研究所的长久发展，与在美国做客座演讲的奥托·哈恩取得联系。哈恩接受了普朗克的建议，回到柏林。他自 1928 年起担任威廉皇帝化学研究所所长，后来还暂时接替了弗里茨·哈伯的工作。哈恩对纳粹政府的破坏行为感到愤怒，呼吁优秀的德国教授们联合起来，共同反对纳粹政府在学术界的反犹行为。普朗克回答道："如果您今天召集 30 位德国教授，那么明天将有

150人站出来公开批判他们，因为他们想要那些职位。"

全世界都相信，时年75岁的德国物理学界领导人物——普朗克不会离开德国新政府，更不会移居海外。普朗克同时还尽力说服其他对德国的暴行感到绝望的年轻同事留在国内。

"继续坚持工作"的口号曾帮助第一次世界大战后的德国科学迅速崛起，进入辉煌的发展时期，但如今这句口号却在政治上产生了灾难性的影响。在与普朗克长谈后，尽管有所顾虑，时年31岁的维尔纳·海森堡还是选择继续留在德国。"我请求您留下来。"普朗克对他说。因此，他没能按计划与同事弗里德里希·洪德（Friedrich Hund）、巴特尔·伦德特·范德·瓦尔登（Bartel Leendert van der Waerden）和弗里德里希·邦霍费尔（Friedrich Bonhoeffer）等人一起辞去莱比锡大学教授的职务。这个例子表明，德国物理学界出现了另一种声音，仍然有学者愿意留下来与纳粹势力对抗。人文主义者普朗克发现纳粹政府的专断独行和无法无天愈演愈烈；尽管他有抱负有能力，但对政局的新变化还是缺乏了解。经过深思熟虑，他决定与纳粹分子周旋，而避免正面冲突。他用正义与勇气保护人类精神财富免受侵袭；他的坚持也鼓励了年轻一代，使他们纷纷继续奋战在科学研究一线。因此，在其他国家看来：纳粹也没有那么糟糕。就这样，德国的权力得以巩固。

德国学者们对此感到无尽的耻辱和愤怒，却无能为力，只能眼睁睁地看着同事们连夜离开这个国家，看着那些就坐在他们旁边，与他们共同开展课程和研究项目，私下曾多次登门拜访的同事离他们远去。

弗里茨·哈伯的事尤其令人感到悲伤。哈伯认为自己在战争与和平时期都为祖国做了正确的事情，但他却受到了世界舆论的指责。当他看到新"国民政府"表彰那些受国外谴责的"战犯"为英雄烈士，而自己却因犹太血统而遭到驱逐时，他失去了自信，选择向他热爱的研究所请辞。"我亲眼看到，哈伯在辞职前的一周里是多么的煎熬，"马克斯·冯·劳厄说道，"他的心脏病又发作了。他已经患病多年，且越来越严重，我还记得他离职后叹着气对我说：'生病的滋味不好受，得了这种病，人只能慢慢等死。'"①

在此期间，阿尔伯特·爱因斯坦写信给同为流亡者

---

① 哈伯参加了第一次世界大战，按照要求，可以留下来。但他无法接受这种不公正的做法，选择了辞职。——译者注

的马克斯·玻恩："虽然我在道德和政治层面从来没有对德国人有过什么好感，但这次我不得不承认，政府的残忍和民众的懦弱都远超我的想象。"

当时的爱因斯坦还不知道，普朗克已经决心公开反对阿道夫·希特勒。普朗克在与希特勒会面时说道："自从新政府成立以来，作为威廉皇帝学会主席，我自觉有义务为元首服务。我想我应该利用这个机会替支持我的犹太同事弗里茨·哈伯说一些话，如果不是他发现从空气中的氮中提取氨的方法，之前的战争从一开始就会失败。"希特勒答道："我对犹太人本身没有任何意见。但犹太人都是共产主义者，他们是我的敌人，我的斗争对象是他们。"普朗克接着说："犹太人也有不同类型，必须加以区分，有些犹太人已经在德国生活了许久，完全融入德国文化。"希特勒回答说："这是不对的。犹太人就是犹太人；所有犹太人都像苍耳一样聚集在一起。只要有一个犹太人，其他各种类型的犹太人就会立即聚集在起来。犹太人应该主动划分出不同的类型，如今他们没有这么做，这就是为什么我必须对所有犹太人一视同仁。"普朗克反驳说："德国目前需要犹太科学家的帮助，如果驱逐有能力的犹太人，那无异于自戕，最终受益者就是其他国家。"希特勒没有进一步回应，而是用一些冠冕堂皇的话遮掩过去了，结束时希特勒突然说道："他们说我偶尔会神经衰弱，这是诽谤，我明明有钢铁般的意志。"然后他重重地捶了一下膝盖，语速越来越快，越来越愤怒。于是普朗克只好默不作声，道别离开。[110]

哈伯在国内因为犹太人的身份而被驱逐，在国外他因被称为"毒气战之父"而遭受谴责。他带着破碎的心离开了德国，1934 年 1 月 29 日，在巴塞尔痛苦地去世。

《自然科学》刊登了马克斯·冯·劳厄为哈伯写的讣告，随后劳厄因此受到抨击。约翰内斯·斯塔克自1933 年 5 月 1 日起担任物理技术研究所所长，有着很大影响力的他要求劳厄辞去德国物理学会的领导职务。劳厄在度假时发现自己受到监视，并通知了普朗克。尽管普朗克不了解当时的危险程度，但仍作为朋友给出了意见："我不知道当局是否监视您。您应该清楚，我无意参与纳粹统治。但我认为，当局并不会阻止您回柏林。根据我的经验，此时您采取的任何预防措施都会被视为良心不安的表现，而那些可能对你不怀好意的人一旦发现您的不安，就会得寸进尺。我的准则是：事先考虑清楚每一步，然后，当您做好准备承担任何后果时，就不必委曲求全了。"[111]

普朗克决定在哈伯逝世一周年之际举行追悼会，作为威廉皇帝学会的主席，他亲自负责筹备工作。随着邀请函于 1935 年 1 月 10 日—13 日陆续发出，暴风雨来临了。根据伯恩哈德·鲁斯特（Bernhard Rust）部长的指示，禁止所有大学教师和学生参加，发言者被禁止演讲。奥托·哈恩说："邦霍费尔和我收到了莱比锡和柏林大学校长的通知，不准我们发言。但我最近刚从柏林大学离职，于是我问校长是否仍需遵守规定，他回答说他没有权利给我下达指令。"

正如普朗克的名言"事先考虑清楚每一步，但不要委曲求全"，他决定不顾一切继续举办悼念活动。政府的威胁并没有吓退他。追悼会举行的前一晚，他对莉泽·迈特纳说："除非警察来现场逮捕我，否则我会坚持办下去。"[112]

活动当天，哈纳克之家的大厅里座无虚席，追悼会隆重而感人。普朗克在致辞中说道："哈伯一直忠于我们，我们也将忠于他。"

1935 年夏天，劳厄受到美国的邀请，赴美做客座

普朗克在家中书桌旁

弗里茨·哈伯

演讲。令他感到惊讶的是，政府居然同意了他的出国申请。"我请您代我向所有认识的同事致以热烈的问候，感谢你们能够理解我目前所面临的困难，感谢你们的善意和为科研事业做出的努力。我相信，我们终将迎来安定和正常的生活。"[113]

1936 年 1 月，威廉皇帝学会成立 25 周年纪念日即将到来。鉴于当时的特殊情况，普朗克对此并没有期待和喜悦，而是顾虑重重。德国的大学早已失去了自主权：

元首任命教育大臣，教育大臣任命各个大学校长，校长间接对元首负责。纳粹政府会在周年纪念之际宣布社会"平等化"吗？如果在正式的演讲中宣布这样的消息，那么纳粹政府又将如何对待其他的反对者呢？

1936年1月的《纽约时报》评论道："总体而言，在柏林紧张的政治气氛中，事态发展比预期的要好。政府发言人歌颂第三帝国，但没有释放出任何威胁的信号。另外，纳粹媒体激烈地抨击尚未完成'雅利安化'的机构。值得赞赏的是，马克斯·普朗克在允许的范围内捍卫了原有的科学原则，并重申了他的主张：'在科学研究领域，科学家的专业知识和高尚品质是取得成果的前提，种族主义和独裁统治等政策并不能推动科学进步。'德国科学家们还能按照自由意志继续科学研究吗？普鲁士科学院并非私人组织，它由国家资助部分资金，政府同样参与管理工作。尽管有马克斯·普朗克的努力，但普鲁士科学院已经失去了它的个性。弗里茨·哈伯在哪里？死在了流亡的路上。爱因斯坦、弗兰克、普劳特（Plaut）、法詹斯（Fajans）、弗罗因德利希（Freundlich）在哪里？被驱逐或解雇了。这些伟大人物的非雅利安裔的助手们在哪里？没人知道。诚然，即使是如奥托·瓦尔堡（Otto Warburg）和奥托·迈尔霍夫（Otto Meyerhof）这样的著名科学家，他们未来的命运也不能确定。马克斯·普朗克因劝说一些优秀的非雅利安人留在德国而受到赞誉。就像大学一样，威廉皇帝学会及其研究所的未来也是一片黑暗。一个只看中能力，拒绝受种族和宗教观念影响，相信天才有权开辟自己道路的组织，在这个由狂热分子统治的极权国家中没有立足之地。就目前情况而言，德国科学界正在为捍卫威廉皇帝学会的完整性做出最后的努力。"[114]

普朗克带着极其复杂的心情读了这篇报道，"我认为诸如此类的外国媒体报道非常危险。他们的目的就是将公众的注意力转移到像迈尔霍夫和瓦尔堡这样的人身上，以此激化矛盾"。

莉泽·迈特纳当时也是威廉皇帝学会的成员。身为奥地利人，她最初并未受到纳粹种族法的波及。但作为犹太人，她仍然感受到了外界的敌意。1936年年底，劳厄收到普朗克的来信："我想为迈特纳报名参加诺贝尔化学奖评选。去年，我就有给她和哈恩二人报名参选1936年诺贝尔奖的想法。但我还是想听听您与海森堡先生的意见。"[115]

瓦尔特·能斯特和莉泽·迈特纳

莉泽·迈特纳和奥托·哈恩与普朗克虽然关系密切，但若不是因为莉泽·迈特纳在核物理领域的开创性工作，普朗克是绝不会为她报名参选的。普朗克曾开玩笑地说："1879 年出生的孩子特别适合学物理——爱因斯坦、劳厄和哈恩都出生在 1879 年；也应该包括莉泽·迈特纳，只不过她是 1878 年 11 月早产出生的，真是个急性子的小女孩。"

诺贝尔奖也成为表达政治诉求的舞台，将诺贝尔奖授予受到政治迫害的人，由此获得世界的广泛关注。德国和平主义者卡尔·冯·奥西茨基（Carl von Ossietzky）

在埃斯特韦根集中营几乎被折磨致死，于 1936 年年底他被授予诺贝尔和平奖。纳粹分子勃然大怒，从此经常恶意中伤诺贝尔基金会。最终，德国公民被完全禁止接受该奖项。"是的，诺贝尔奖！纳粹政府竟然完全不清楚它的重大意义，这真是令人心痛。"[116]

威廉皇帝学会主席的办公室位于柏林官，隔壁便是德国科学紧急协会主席的办公室。普朗克曾与"德国科学的朋友、赞助人和管理者"弗里德里希·施密特－奥特建立了长达 10 年的友好合作关系。1934 年 6 月，纳粹分子接管了德国科学紧急协会。根据帝国教育部部长的指示，约翰内斯·斯塔克成为德国科学基金会会长。

约翰内斯·斯塔克是普朗克的同事，他是一位种族主义者，希特勒上台后便不再专心科学研究。普朗克时刻注意与他保持距离，也因此避免了许多冲突。然而，斯塔克却对普朗克不依不饶。盛怒之下斯塔克在纳粹学生面前宣讲："爱因斯坦今天已经从德国消失了。但不幸的是，他的德国朋友和支持者仍然支持他。他的主要支持者普朗克仍是威廉皇帝学会的主席，爱因斯坦理论的阐释者和他的朋友劳厄先生仍然在普鲁士科学院任职，而理论形式主义者维尔纳·海森堡是爱因斯坦理论的集大成者，他居然获得了诺贝尔物理学奖。"

普朗克于 1936 年 4 月 1 日结束了威廉皇帝学会主席的任期。帝国政府明确表示，他们希望由其他人接任，普朗克随后宣布他无意连任。约翰内斯·斯塔克看到了新的机会，他向帝国部长鲁斯特提出了自己的请求。如果鲁斯特同意，他会将学会引入深渊。幸运的是，鲁斯特犹豫了。当化学家和商界领袖卡尔·博世（Carl Bosch）主动请缨时，学会得到了拯救。

1937 年 5 月下旬，新旧主席交接仪式暨威廉皇帝学会 25 周年纪念活动如期举行，它堪称柏林政治局势的晴雨表。美国大使威廉·E. 多德（William E. Dodd）指出："今天我去参加威廉皇帝学会举办的晚宴，也是新主席的就职典礼。我的朋友普朗克退下来了。威廉皇帝学会不受纳粹影响，在场的几位杰出实业家代表也明确表明了态度。他们没有佩戴党徽，问候时也没有说'希特勒万岁'。"[117]

马克斯·冯·劳厄

斯塔克在党卫军杂志《黑人军团》上发表的一篇文章尤其过分。普朗克、索末菲和海森堡被他诽谤为"白色犹太人"和"爱因斯坦在德国知识界的代理人"。"威廉皇帝学会内，'白色犹太人'的犹太精神暴露无遗，而'白色犹太人'与那些犹太人榜样（如爱因斯坦）在科学领域达成高度一致，因此净化他们的犹太思想是最迫切的任务。"[118]

1937 年 11 月，德国物理技术研究所庆祝其成立 50 周年。19—20 世纪之交，研究所致力于通过实验测量方法归纳黑色热辐射特性。依靠实验结论，马克斯·普朗克首先于 1900 年 10 月提出辐射公式，然后于同年 11 月得出了划时代的量子公式 $\varepsilon = h\nu$。自此，马克斯·普朗克便与德国物理技术研究所紧紧联系在一起。

约翰内斯·斯塔克自 1933 年 5 月起担任物理技术研究所所长。劳厄强烈建议普朗克不要参加研究所的周年庆祝活动，因为他与斯塔克完全是两类人。"根据你的建议，我重新考虑了这件事，并仔细权衡了利弊。但我认为，物理技术研究所比斯塔克先生本人更重要。50 年前，我亲眼见证了研究所在亥姆霍兹和西门子的带领下成立。50 年间，我时刻关注研究所的最新进展，总能从中得到科研上的启发。而如今仅仅因为那位不称职的所长，我便不去见证如此重要的周年活动吗？那我就太高估斯塔克的重要性了！他不能阻止我参与研究所的重要活动。我反而十分感激，此次能以一个观众的身份参加庆典。" [119]

在一个狂热分子和暴徒拥有很大发言权的时代，在一个宣扬仇恨并以暴力为世界观的时代，在一个政治高度紧张的时代，那些追求更高精神价值的人们更需要紧密地联系在一起。对他们来说，普朗克 80 岁寿辰是一场盛宴。普朗克不再只是物理学家的领袖；他还是大学、威廉皇帝学会、柏林和整个德国学术界、艺术界的标志性人物。

1938 年 4 月 23 日上午，亲朋好友共同为普朗克庆祝生日，卡尔·克林格勒带来了四重奏乐团。生日庆典和聚会于下午晚些时候在哈纳克之家的亥姆霍兹大厅正式开始。国立音乐大学室内乐团演奏了普朗克最爱的《勃兰登堡第三协奏曲》和《小夜曲》。

恩斯特·布鲁什（Ernst Brüche）将所有发言都录了下来，他把麦克风藏在了大厅的花朵装饰里。录音效果出人意料的好，至今我们依然可以通过唱片"科学之声"感受当时的热闹气氛：

柏林物理学会庆祝普朗克诞辰 80 周年活动邀请函

尽管礼堂很大，但依旧座无虚席，甚至连楼梯的位置都坐满了人，宾客中没有纳粹党支持者。宴会开始后，拉姆绍尔教授隆重地欢迎并介绍了法国大使和瑞士特使、柏林工业大学校长和副校长、威廉皇帝学会主席及普鲁士科学院和威廉皇帝学会的秘书。

除了科学界代表，其他友好协会的代表也受到欢迎。同样欢迎来自外交部和科教部的政府代表。但是，并不欢迎那些与建立在真理和自由基础上的科学，尤其是与物理学家们背道而驰的那些机构和团体。[120]

爱德华·格吕尼森、彼得·德拜（Peter Debye）和马克斯·冯·劳厄分别发表了讲话。接着，向路易·德·布罗意（Louis de Broglie）颁发马克斯·普朗克金质奖章，由于获奖者生病缺席，由法国大使安德烈·弗朗索瓦－庞塞（André Francois-Porcet）代领，这一环节将活动气氛推向高潮。

生日庆典上，德国物理学会向法国科学家颁发荣誉勋章的环节是经过精心设计的。经过前获奖者投票，确定此次获奖人选。索末菲写信给爱因斯坦："应普朗克的要求，我把路易斯·德·布罗意放在了第一位，我不能不考虑普朗克的想法。"

颁奖环节结束后，普朗克本人发表演讲。他谈到了他与物理学会的关系，祝贺路易斯·德·布罗意获奖，并向法国大使表达了和平的诉求。帝国政府意欲占领捷克斯洛伐克，挑起苏台德危机，这引起了法国国内的恐慌。作为德国知识分子代表，普朗克表示："根据之前我在国内外的经历，我相信法国人民与德国人民同样热切而真挚地渴望真正的和平，从而使得两国都能在不受干扰的情况下开展卓有成效的工作。但愿法国与德国能够互相合作，而不是让整个欧洲承担战争的风险！"121 普朗克的讲话都是肺腑之言，反战的气氛充斥着整个大厅。在场的大多数人都认为，战争定会将欧洲引入深渊。

片刻沉思过后，现场气氛又变得活跃起来，会后活动开始。恩斯特·布鲁什说："所有人移步到歌德厅的长桌享用美食，物理学家们准备了有趣的菜单——'食物矩阵'，饭后甜点是'超导桃子'。在今天这个隆重而美妙的日子，阿诺德·索末菲开始了他的餐桌演讲，接着朗诵了戈特弗里德·凯勒（Gottfried Keller）的短诗，从物理学角度诠释了凯勒的诗句'我们使用天平、

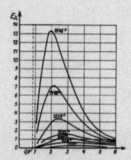

Physikalische Gesellschaft zu Berlin

Feier des 80. Geburtstages von

MAX PLANCK

am 23. April 1938 im Harnack-Haus in Berlin-Dahlem

Strahlungskurven des patentierten Planck-Backofens, Modell 1900
aufgestellt in der Küche des Harnack-Hauses.

Nahrungsmatrix:

Seezunge, im Planck-Ofen ins thermische Gleichgewicht gebracht
    mit einquantigen Spargeln.

Verbohrte Lendenschnitte im Phasenraum, Zentralkrafttunke und
    Salatkontinuum.

Pfirsich, supraleitend.

Flüssigkeiten für turbulente Strömungsversuche:

Ockfener Geisberg, ZS. f. Phys. 1935, spektralrein.

Château Mille Secousses, Ann. d. Phys. 1909, mit Absorptionsbande.

柏林物理学会庆祝普朗克诞辰 80 周年活动相关资料

棍子和时钟',天平代指物质、棍子代指空间、时钟代指时间,从三者可以推测出普朗克常数。在他之后,各大物理杂志的编辑纷纷向普朗克表达祝贺。接着,科普夫(Kopff)教授作为天文学家代表发言,他宣布将新发现的第1069号小行星命名为'普朗克'。马克斯·普朗克用清晰的声音和温暖的话语对此表示感谢,同时他用恰当的语言致谢每位发言者。接下来就是愉快的用餐和私人寒暄时间。大厅中音乐奏响,这些著名的曲目都是普朗克精心挑选的,毕竟在他年少时,也曾犹豫是应该学习音乐还是物理。接着就是电影《北极光》的首映

威廉皇帝学会主席办公室

和有趣的话剧表演。这部物理独幕剧以幽默风趣的形式，展现了普朗克常量的测量过程。角色分配是索末菲饰演科学院主席，德拜饰演普朗克教授，斯图尔特饰演教授助理，鲁斯卡饰演实验室助理，海森堡和格拉赫（Gerlach）饰演测试者。话剧以一封发送给马克斯·普朗克的电报结束，电报的内容是：'新的量子常数 h = 6.543210×10^{-27} 的小数部分不够准确①，这是海森堡的失误，请停下，德拜。'随着大幕落下，一名邮递员将电报交给普朗克。"[122]

普朗克收到来自世界各地大约 900 人的生日祝福，其中有他的学生、朋友及崇拜者。君特·格拉斯曼写道："如今甚至连青年人结婚回帖都会采用印刷的方式。然而普朗克没有印一封信，每封回信都是他亲手所写。每天他会花一两个小时写 12 封信，差不多 3 个月后，从部长到之前的女佣，每个人都收到了普朗克亲手写的感谢信。"[123]

1938 年年底，普朗克辞去普鲁士科学院常务秘书职务。在这 26 年间，他一直是"全国最权威的科学机构"

---

① 此处的单位为 erg·s，1 J·s=10^7 erg·s。另外，与现有的普朗克常数相比，小数部分的确不精确。——译者注

的领导者。从 1912 年起，他"秉承其创始人莱布尼茨的精神"，在政治动荡时期带领科学院开创了一个辉煌的时代，他用清晰的笔迹记下每次会议的内容、学院的大事小情。现在，80 多岁的他辞职了，并非由于年事已高，而是以此呼应其他 3 位常务秘书，对希特勒发起抗议。按照元首指示，科学院被迫任命纳粹数学家西奥多·瓦伦（Theodor Vahlen）担任临时主席。继大学和德国科学基金会之后，普鲁士科学院现在也被"强制统一"了。

结束第三帝国时期的困苦生活后，普朗克的目光向前，他发现了另一个世界。1937 年 5 月他在访问波罗

普鲁士科学院的 4 位秘书——吕德斯、海曼、普朗克、鲁布纳

的海沿岸各省时，首次发表了《宗教和自然科学》的演讲。这应该是普朗克最精彩的一次讲座，之前他只能遵循传统，隐藏个人的思想和感情；而在这次讲座中，他的思想与情感得以充分表达。

"现在告诉我，你对宗教有何看法？"歌德《浮士德》中的这个简单的问题深深触动那些被惯坏的听众，并激起他们内心隐藏的紧张。那个天真的女孩玛格丽特向他的爱人提出这个关乎自己未来幸福的问题。这个问题并非只为求得心安，她问出了所有人类的心声。

正如获取知识和能力不能单凭意志力，回答道德问题也不能完全依赖原有认识。但是知识能力与道德品质这两条路并非毫不相关，而是以平行的方式并驾齐驱，最终将在远方交汇。

这是宗教和自然科学共同进行的一场反对怀疑主义和教条主义、反对无信仰和迷信的持久战，斗争口号一直是："向上帝走去！"[124]

马克斯·普朗克并不是一般意义上的好的演讲家。他的言语非常平实，但也正是因为如此，听者认为他是真诚

Religion
und Naturwissenschaft

Vortrag, gehalten im Baltikum (Mai 1937)
5. unveränderte Auflage.
32 Seiten. 1938. 8°. RM. 1.50

Das Schöne und Beglückende an diesen Ausführungen ist die ruhige Bescheidenheit, mit der Planck zu seinen Problemen Stellung nimmt. Ein Mann mit höchstem Weltruhm, ein Forscher, dessen Arbeit das physikalische Weltbild stärker verändert hat, als irgendein anderer, geht an die Grundfrage seiner Wissenschaft mit einer so vorsichtigen Zurückhaltung, wie sie gerade auf diesem Gebiet nicht eben die Regel zu sein scheint. Er kommt nicht mit dem Autoritätsanspruch des Mannes, der auf Grund seiner Arbeit einen Anspruch auf Gehörtwerden hätte. Skeptisch gegen die eigene Betrachtung, klug geworden durch die Erfahrungen, die viele Jahrhunderte vor ihm gemacht haben, tritt er an die Diskussion heran. *Deutsche Zukunft*

Planck geht den naturwissenschaftlichen Weg zur Religion, aufrecht, klar, nicht überredend, sondern überzeugend – ein Beispiel, dem man in unseren Tagen der verwirrten Kämpfe um die Religion mit besonderer Ehrfurcht seine Reverenz erweist. *Paul Fechter / Berliner Tageblatt*

JOHANN AMBROSIUS BARTH / VERLAG / LEIPZIG

1937 年 5 月普朗克在波罗的海沿岸的演讲 "宗教和自然科学" 的演讲稿

的。他的言论不符合统治阶级的世界观，而是对更高层次的精神和道德的坚定信仰。气象学家海因里希·冯·菲克（Heinrich von Ficker）说道："青年学生挤满了报告厅，我永远不会忘记演讲结束后的欢呼声和掌声，这些年轻人最终接受了他的呼吁：'向上帝走去！'这些兴高采烈的年轻人将普朗克视为政治与宗教的领袖，他们说：'上面站着一位伟大的德国人、研究者、神父！'"[125]

鉴于普朗克的虔信，尤其是从 1920 年起担任柏林格鲁内瓦尔德教会长老开始，人们便认为他与教会关系密切。1947 年，《新报》甚至报道称普朗克已皈依天主教。然而，这些都是误解。普朗克本人明确表示："我一直很虔诚，但我不相信存在真实的上帝，更不相信基督教的上帝。"[126] 普朗克是泛神论者，他相信斯宾诺莎的上帝和歌德的上帝，"尽管我们所走的道路与上帝不同，但信仰上帝可以帮助我们渡过难关"。[127]

普朗克从不在家里做祷告。但是当他在战争的最后一年逃到一间无人的庄园后，却毫不犹豫地做起了餐桌祈祷。对他来说，宗教符号指向那些感官不能直接触及的、更高层次的事物。这种指向性是不完全的、短暂的、相对的。

通过音乐，普朗克得以从日常生活中短暂逃离，这也是他更高层次精神世界的一部分。傍晚时分，他经常与小提琴家卡尔·克林格勒和小儿子埃尔温共同演奏三重奏，并且享受其中。同时普朗克也经常参加音乐学院组织的音乐会，演奏者会坚持等普朗克到场才开始演出。在一些小型音乐会中，他也会应演奏者的要求发表自己的意见。

威廉·海因里希·韦斯特法尔说："普朗克的交友圈很广，交往或多或少，友谊或浅或深。以至于他在万根海姆大街上的房子远远不够接待他的访客。我仍然记得

普朗克与卡尔·克林格勒

普朗克和他的妻子在哈纳克之家举办的精彩聚会。在那次盛大的庆祝活动中，柏林的知识精英和普朗克的亲朋好友悉数出席，完全是一场温馨的家庭聚会。普朗克还与赫尔曼·迪纳（Hermann Diener）及其学生一起演奏了舒伯特的《鳟鱼五重奏》。"[128]

纳粹分子刺耳的宣传声扰乱了人们内心的平静。当普朗克最亲密、最好的朋友，同时也是他的儿子埃尔温来看望他时，他们经常会讨论政治局势。埃尔温在希特勒上台当天辞去了国务秘书的职务，与纳粹反对者们（主要是卡尔·格德勒领导的保守抵抗组织）保持联系，且密切关注事态发展。

现实远远比想象更加残酷。自 1939 年 9 月 1 日起，德国军队按照希特勒的命令，向欧洲国家逐一发起战争。普朗克在 80 岁生日时曾发出呼吁："但愿法国与德国能够互相合作，而不是让整个欧洲承担战争的风险，"但没有产生任何效果，已经太迟了。南斯拉夫战役开始后，普朗克写信给他的朋友劳厄说道："和平并未临近，而是变得越来越遥不可及。种族屠杀的疯狂行径到底还要多久？这种局面令人绝望，但我还是希望一切能早点结束。"[129]

第9章

困境和衰老

自1942年年底，柏林的爆炸袭击变得更加频繁，小儿子埃尔温建议普朗克紧急撤离，但普朗克无法离开柏林，离开这座他工作了50多年的城市，他的科研事业已经与柏林紧密联系在了一起。1943年3月1日，柏林再次遭受轰炸，普朗克应实业家卡尔·斯蒂尔（Carl Still）的邀请前往易北河畔的罗加茨。"我和妻子现在住在罗加茨，因为我们房子的屋顶和门窗全部被炸毁了，目前无法居住。我的朋友斯蒂尔博士为我们解决了住宿的问题。我期待着可以重回柏林的那天……如果您还健康地活着，那必须要感谢上帝。"[130]

通过海森堡派出的威廉皇帝物理研究所维修队，以及普朗克儿子、儿媳的帮助重建，最终万根海姆大街的房子得到了较好的修复。接着房客们搬了进来，他们都是因轰炸无家可归的受害者。后来，普朗克只在柏林做了短暂停留，便驱车前往阿莫尔巴赫。阿莫尔巴赫位于美因河畔的一个山谷，那里风景如画，他对修道院教堂里的大型管风琴记忆犹新。普朗克在阿莫尔巴赫庆祝了自己的 85 岁生日。"我还收到了一封来自普鲁士科学院的贺信，上面有现任副院长格拉波先生的签名，信中实事求是的态度和温和的话语给我留下深刻的印象。我甚至开始对您产生怀疑。"他在信中对劳厄说："我们在这里过得很好。唯一麻烦的事就是那如雪花般的祝贺信，我还得逐一回复它们。对了，我甚至还收到了元首的祝贺。"[131]

尽管如此，德国仍然对普朗克怀有敌意。当法兰克福市提出将 1943 年的法兰克福歌德奖授予"德国最伟大的科学人物"马克斯·普朗克时，宣传部表示反对："考虑到纳粹党帝国领袖们的意见，我们对授予普朗克教授该奖项持保留态度……因为普朗克仍然支持犹太人阿尔伯特·爱因斯坦。据此，国务部部长戈培尔不同意普朗克获奖。"[132] 1944 年，法兰克福市被剥夺颁奖权。直到战争结束后，即 1945 年 8 月 28 日普朗克才获得法

普朗克的小儿子埃尔温，普朗克"最亲密的好友"

兰克福歌德奖。

1943 年 6 月，普朗克位于万根海姆大街的房子基本修复完毕，"我们至少可以再次住在这里，虽然每天晚上还是要为新的轰炸做好准备"。出于责任，普朗克回到柏林生活。和以前一样，他仍然出席科学院和柏林大学的会议。柏林大学有一个传统规定，即 16 位最年长的教授可以参加所有学术会议，普朗克非常开心的遵守了这个规定。

假期来临时，普朗克离开柏林去度假。他先到泰根湖畔的格兰德尔霍夫庄园度过两周的时间，在 8 月中旬前往克恩顿州的圣雅各布。"我们终于到了海拔 1400 米的圣雅各布。这里非常安静，天气很好，有美味的食物，住宿条件也不错，关键是完全不用担心轰炸和停电。但是日益恶化的世界局势并没能让我在这里找到内心的平静，我没有感到一丝放松，与此相反，我疲惫不堪。这种不安感让我不能静下心来读书。"[133]

从圣雅各布出发，这位 85 岁的老人踏上了他人生中最后一次山地之旅，最后成功登上海拔 3000 米的山峰。出发时，登山向导不愿带领像普朗克这样的高龄老人，于是马克斯·普朗克和他的妻子独自攀登。随后，跟随的登山向导不得不承认，如此稳健的攀登者实属罕见。

普朗克定期给马克斯·冯·劳厄写信。1943 年 9 月 9 日，"圣雅各布美丽的秋天与即将来临的大轰炸形成鲜明的对比。8 天后我们就要离开圣雅各布了，下一个目的地应该是柏林"。

9 月 16 日，"我们暂时不回柏林，由埃尔温定期向我通报柏林的最新情况。这里一切都很好，天气温暖，只是邮寄不方便，我还是很开心能重新回到通火车的地方"。

9月23日，这次是从上德劳堡发来的消息："无论如何，我们将在这里待到10月初。虽然天气越来越冷，黑夜时间也越来越长，但我们仍旧感觉非常舒适。接着我们将去慕尼黑看望我的岳母，之后到科布伦茨、法兰克福和卡塞尔进行巡回演讲。"

这次旅行没有想象中的顺利。"我的演讲之旅并没有完全按计划进行。前往法兰克福的演讲计划泡汤了，因为那里刚刚经历了空袭，且损失惨重。我现在在科布伦茨，这里每天都有空袭警报。我昨天的演讲就被警报声打断了，因此效果不佳。我开始怀念在罗加茨的快乐时光了。"

巡回演讲的最后一站是卡塞尔。"10月22日，在我结束所有演讲之后的当晚发生了空袭，第二天晚上几乎整个城市都变成了废墟。我和妻子借住的亲戚家的房子也被烧毁了，我们在防空洞里坐了一整夜。幸运的是，防空洞挡住了火焰。凌晨4点我们终于能够从墙上挖的洞里钻出去。一位普通外科医生好心收留了我们，第二天我们就一直待在他家里，当时没有水、煤气和电，所以我们不能洗澡。您必须有亲身经历才能完全理解我的处境。24 日，我们终于逃离了'地狱'，先开车前往哥廷根，然后到罗加茨，这里是我们的临时庇护所。然而，路上丢失了一些物品，例如我所有的信件和各种有价值的论文。但是，相比于那些除了自己的生命外一无所有的人们，我的损失又算得了什么？什么时候才能结束这疯狂的行为？"[134]

仅仅一个月后，独自驾车从罗加茨前往柏林的玛加·普朗克夫人又经历了一次爆炸之夜。"1943 年 11 月 22 日—23 日，我的妻子到柏林处理一些事情，期间经历了空袭。我们的房子还在，家具也安然无恙，但屋顶、门窗都严重受损。不知道接下来会发生什么？除了等待，我们什么也做不了。"[135]

普朗克很庆幸能够在易北河畔的乡下找到相对安全的庇护所。"我的时间完全被写作、阅读、散步和各种工作所占据，我真的很喜欢韦尔的《空间、时间和物质》一书。我也尝试着听广播和音乐，当然是在我一个人的时候，否则很容易被旁边人说话的声音分神。广播里不可避免的背景音令我非常不快，有时我甚至不得不关掉电源。"[136] 然而，乡下也时常会响起空袭警报，他看到空中接连飞往柏林的飞机，"它们总是飞过这里，甚至有时是大批飞机同时飞过，今天它们在上空徘徊了2个半小时"。

在对卡塞尔的袭击中，虽然普朗克只丢失了少部分信件，但却是最有价值的，还有一部分信件和图书保留在柏林。1944 年 2 月 15 日—16 日夜间，柏林西区遭受了猛烈轰炸，马克斯·冯·劳厄开始帮助普朗克转移图书。劳厄后来写道："在那个难忘的夜晚，我看到奥托·哈恩的威廉皇帝化学研究所在燃烧，这座具有纪念意义的建筑的屋顶和南墙在火海中全部被毁。"普朗克的房子也难逃一劫。"昨天我收到儿子的电报，万根海姆大街的房子在这个月 15 日的空袭中被炸毁，什么东西都没留下，幸好您已经开始转移我的藏书。但遗憾的是我没能保护好在卡塞尔的信件，现在已经无法挽回了。"[137]

普朗克的往来书信和日记被毁是科学史上的巨大损失，当中记载着现代物理学的发展变化，我们作为后人是没有机会读到了。

战争局势日益恶化，东部战线节节败退。乌克兰失

普朗克和他的侄女路易斯·格拉斯曼（Luise Graβmann）

守，苏联军队于1944年2月—3月到达西部边界，英国和美国军队即将攻占罗马。德国西部边界失守是在预料之中的，"就算在乡下也还是能听到日夜不停的警报声。如果安然无事，人们就会继续讨论前线的战事，猜测敌方究竟能向德国方向前进多少千米。这种无端臆测只会增加人的焦虑感，造成不必要的能量消耗。我不会加入其中，而是安心睡去"。[138]

漫长的冬天给这位 86 岁的老人造成了沉重打击。普朗克的背部和大腿开始疼痛，单调的风景令他心情低落，他想换一个新的环境生活。1944 年 4 月中旬，普朗克回到美因弗兰肯的阿莫尔巴赫。"我们历经千辛万苦才到这里，因为我丈夫的疼痛不断加剧。背部的病情倒是没有恶化，但他的大腿疼痛难忍。我们换乘了两次到达爱尔福特，然后休整了一晚，接着从爱尔福特出发换乘四次才到达目的地。我们需要提着行李上楼，因为楼道很窄，我丈夫只能艰难地挪步。虽然他成功将箱子提上楼，但自己却受伤了。我陪他去看去年他摔倒时负责治疗他的医生，检查出普朗克患有腹股沟疝气，这就是他大腿疼痛的原因。但考虑到病人年事已高，医生不建议他做手术。"[139]

逐渐加剧的疼痛折磨着普朗克，无奈之下，玛加只能求助于恩斯特·费迪南德·绍尔布鲁赫（Ernst Ferdinard Sauerbruch），这位有名的外科医生穿着宽大的白大褂，在一位主治医生的陪同下从柏林乘车赶来。

"昨天的手术进行得很顺利。之前医生们还有些担心，因为普朗克有早期心衰伴水肿，不过最后还是没有影响手术结果。如果没有并发症的话，很快就会痊愈。我们更担心他的心衰和关节病（脊椎硬化），这些病症折磨着他，过去几周里他只能卧床休息。但是他的精神状况还算不错，乐意积极配合医生的治疗。"[140]

绍尔布鲁赫和主治医生在阿莫巴赫停留了几天，继续观察普朗克的术后情况。埃尔温给他的父亲输血，还是很有成效的。5月31日，玛加称："他现在每天会醒来两次，一次半小时，另一次2小时。"6月3日她写道："今天我丈夫清醒的时间居然长达6小时。"

这个月还举办了另一场庆祝活动——普朗克加入普鲁士科学院50周年。1894年6月11日，普朗克正式成为普鲁士科学院院士，并于6月28日发表就职演说。今年（1944年），普鲁士科学院计划在7月初的莱布尼茨日为普朗克举行庆祝仪式。但他突然患病，因此玛加给劳厄回信说："我认为，我的丈夫怕是不能参加这次庆祝仪式了，尽管他非常想去。如今，他自己也承认，他的健康状况不允许。如果他身体好，我当然也同意他去。他的心脏倒是没什么，但是他背部的问题很大。他现在虽然能够下床活动了，但状况不是很稳定，有时能走得很远，有时状态不佳。但是，他还是以钢铁般的意志力继续坚持。"[141]

最终，普朗克还是应邀前往柏林。威廉皇帝物理研究所所长维尔纳·海森堡表示："我们不知道这位86岁的老人是否会接受邀请。但普朗克一向有着强烈的责任感，他将这次看作是他最后一次回柏林的机会，于是同意前来。我们当时还讨论了很长时间，如果柏林遭受严重袭击怎么办，外部政治环境依旧不明朗。活动前一天晚上还不算糟糕，只落下几枚炸弹。普朗克住在阿德隆酒店，我第二天早上开公车去接他，因为我也要参加典礼并致辞。普朗克休息的很好，他非常开心再次回到柏林，再次见到他的老朋友们，尤其是他的儿子埃尔温。埃尔温的座位被安排在普朗克旁边。当我们开车经过柏林市中心时，目光所及之处均沦为废墟，根本看不出原来的样子，因此我们找不到路了。活动地点在普鲁士财政部内的宴会厅，当我们根据路人指引终于找到那条街道时，车子被一大堆瓦砾拦住了去路，路上到处是扭曲的铁条和混凝土块。我想一定是走错了，但当我再次询问路人时，却被告知要先绕过这堆瓦砾走一段路，然后来到一扇半开着的门前，接着穿过隐蔽的门，最后才能到达在瓦砾和铁栅栏之间的大厅。普朗克就是这样来到典礼现场的。当他进门的一刹那，一切仿佛又回到了40年前。大厅内顿时一片寂静，每个人都对他报以崇拜的目光，向他致意，普朗克也很高兴再次见到这些熟悉的面孔。此时，弦乐四重奏响起，在这一个多小时里，人们仿佛重新回到之前古老、文明的柏林时代，普朗克当然是主角。此刻，人们看到了柏林文化的再次回归。"[142]

3周后，希特勒在刺杀中受了轻伤，由此可见，他发出的命令的确触及了其他政治团体的利益。然而，仅仅在几个小时后，独裁者再次拥有无限的权力，希特勒开始了没有底线的复仇行动。"7月20日起，领导层开始彻查此次行动。他们开始调查我的儿子埃尔温，称他与暗杀者相识。当然还有很多人都遭到了审查，例如普鲁士财政部部长波皮茨（Popitz）教授。如果以是否认识暗杀者作为唯一的评判标准，那么当局是不可能得出合理的结论的。"[143]

"7月23日，埃尔温被捕，理由是他曾为前魏玛政权服务并在1933年与施莱歇尔（Schleicher）共事。或

老年时期的普朗克

许他真的出现在密谋者的名单上，这不得而知。总之，他已经彻底退出政坛，刻意远离政治，他是不会有革命的想法的。"[144]

几个月以来，普朗克一直在希望与绝望之间徘徊。1944年10月23日，普朗克最担心的事情还是来了："埃尔温被人民法院判处死刑。我会和他的妻子调动'天堂'和'地狱'的一切力量设法营救他，至少把他的死刑减为监禁。"[145]"天堂"和"地狱"是否有着什么特殊的含义？现在最重要的是争取到有一定影响力的人物的支持，从而给当权者施加一些压力。出于对儿子的担忧，普朗克从150千米外的罗加茨前往柏林。他的申诉之路充满艰难险阻。

在马克斯·玻恩为普朗克写的传记——《伟大的德国人》中提到，有人建议普朗克通过宣示效忠第三帝国来救出儿子，但普朗克的良心无法接受。然而，该陈述

埃尔温·普朗克在人民法院出庭

与事实不符。陷入困境的普朗克没有发表效忠声明，而是直接向最高法院提出了宽大处理的请求。他还给德国党卫队首领海因里希·希姆莱写了一封信："基于对我儿子的了解和他的政治立场，他与 7 月 20 日发生的事件无关。"[146]

在柏林期间，普朗克到夏里特医院复查。恩斯特·费迪南德·绍尔布鲁赫医生在检查完成后，主动提出让普朗克代替他为学生们上一节课，绍尔布鲁赫还搬来月桂树装点教室。据夏里特医院的听众讲述："绍尔布鲁赫与马克斯·普朗克一同前来，他用左臂挽扶着马克斯·普朗克。绍尔布鲁赫就像是'德国物理科学的能斯特'，对普朗克有着恩师般的情谊。当两位教授走进教室时，顿时响起了掌声和敲击桌子的声音。绍尔布鲁赫年纪轻些，他的脚步轻快而充满活力；身着传统黑色西装的普朗克稍微佝偻着身子，拄着拐杖缓缓走向讲台。他在演讲时语气平和，娓娓道来：'女士们、先生们，请允许我来谈一谈科学的意义和局限性……'他的发言长达 40 分钟，尽管绍尔布鲁赫多次示意他坐下，但他还是坚持站着。尽管手稿就放在讲桌上，但他基本没有看过。这敬业的态度和表现令人肃然起敬。虽然这位学者的声音不大，但足够引起听众的共鸣。"[147]

几周后，玛加·普朗克女士在信中写道："1 月 18 日我在柏林参加物理学会的庆祝活动。当天，埃尔温的妻子内莉收到消息称一切进展顺利，他有望在最短的时间内获得赦免。我高兴极了，并第一时间通知了我的丈夫。"[148]

10 天后，内莉出乎意料地出现在罗加茨。"她花了很大的力气才到这里。在未获旅行许可的前提下，她只能寻求中立国的帮助，最终搭乘汽车找到了我们。"

埃尔温被纳粹杀害了。"他是被秘密处死的，一切都非常突然，内莉也是偶然间得知这个消息的。埃尔温则是在被行刑前才知道的，他表现得非常镇定自若。纳粹总共带走了 10 个人，他们不是被枪杀的，而是被处以绞刑。埃尔温没有留下一句话，没有留下任何一样东西。直到今天官方仍没有给出任何通知。我可怜的丈夫受到了沉重的打击，埃尔温一直是他的最爱，他的骄傲。这几年，埃尔温还是他的帮手和最好的朋友。在这个可怕的时刻，埃尔温仍然能够保持勇敢无畏，他温暖且善良、乐于助人，而现在他却永远离开了。"[149]

普朗克坐在钢琴前，忘我地弹奏着儿子生前最喜欢的旋律。"我的痛苦无以言表，每天都在努力说服自己接受命运的安排，终是无济于事。[150] 每天早晨醒来，我都像是瘫痪了一般，完全无法思考，很长时间以后才能恢复意识。埃尔温是我生命中最宝贵的一部分，他是我的阳光，我的骄傲，我的希望。我无法用语言形容失去他的痛苦。"[151]

普朗克在另一封信中写道："您说，您相信我有坚强的意志力，绝不会被痛苦压垮。我正在寻找这种能

普朗克弹钢琴

带我走出来的力量，我相信主会帮助我的。这是上天的恩典，让我从小就对全能、全善的主有一种不可动摇的坚定信念。这种对上帝的信任感可以帮助我渡过难关。"[152]

德国渐渐无法抵御前线盟军的猛烈进攻。1945 年 3 月 7 日，科隆被占领。同一天，美军在雷马根渡过莱茵河，俄罗斯人到达奥得河畔。"如果不是迫不得已，我们不会离开这里。但是，现在我们必须撤离。如果战火延伸到这里，那么房屋一定会被炸毁。从远处可以清楚地看到我们在易北河岸边的房子，德军已经开始在易北河及其支流奥勒河边修建防御工事，甚至是在花园和公园里。现在首要问题是，我们该如何在最后一刻逃脱？"[153]

美国的坦克先头部队迅速经哈梅林和布伦瑞克挺进马格德堡。"我们在罗加茨度过了艰难的几周，"玛加·普朗克写道，"这里也成了战场，我们不得不从房子里逃出来，在森林里的干草仓过夜，白天吃不到热饭，甚至有时没有水源，炮火不断，死伤无数，尖锐的哨声日夜吹响。"[154]

与此同时，美军于 4 月 11 日抵达罗加茨附近的易北河，但没有渡河。劳厄几个月前的预测是正确的，罗加茨位于易北河的左侧，而不是右侧，因此没有受到太大影响。4 月 25 日，美国和苏联军队在易北河以南约 120 千米的托尔高附近会师。与此同时，柏林被包围了。4 月 30 日，希特勒自杀；几天后，德国投降，这场疯狂的战争终于结束了。

普朗克的生活十分艰难，"整个村庄都被疏散了，我们徒步来到一处偏僻的树林，在这里度过了 10 天。我可怜的丈夫，他的脊椎硬化非常严重，经常痛苦地大叫，我根本不敢碰触他的背。在逃亡的路上，没有人能

美国和苏联军队在托尔高附近会师

帮助我们。不久前，因为担心罗加茨会沦陷，我们试图逃到哥廷根。但盟军进攻的速度太快，我们最终还是放弃了逃亡。当我们再回到家时，却发现房子不再属于我们。简直不敢想象，屋内被糟蹋得不成样子，我们失去了所有东西。只能和挤奶工一家挤在一个破旧的小房间里，他们还有好几个幼小的孩子"。[155]

与此同时，普朗克在哥廷根的老朋友罗伯特·波尔非常担心他的健康："我拜托美国天文学家杰拉德·彼得·柯伊伯（Gerard Peter Kuiper）开车将普朗克夫妇带到哥廷根，他们的侄女希拉·赛德尔（Hilla Seidel）应该可以提供住处。"5月16日深夜，柯伊伯的吉普车出现在默克尔街12号，希尔德加德·赛德尔（Hildegard Seidel）的房前。此时的柯伊伯满头大汗，他笑着走进来，对赛德尔说："我们顺利接回了普朗克，他就在外面的车里。"希尔德加德·赛德尔在日记中写道："热烈欢迎普朗克夫妇，非常开心他们能住在这里。"

随后，柯伊伯驱车向波尔传达好消息，"我紧紧地抱住柯伊伯，拿出我珍藏的那瓶上好红酒，向他表示衷心的感谢，我们聊了很久。第二天，我还成功搞到了粮票和雪茄"。[156]

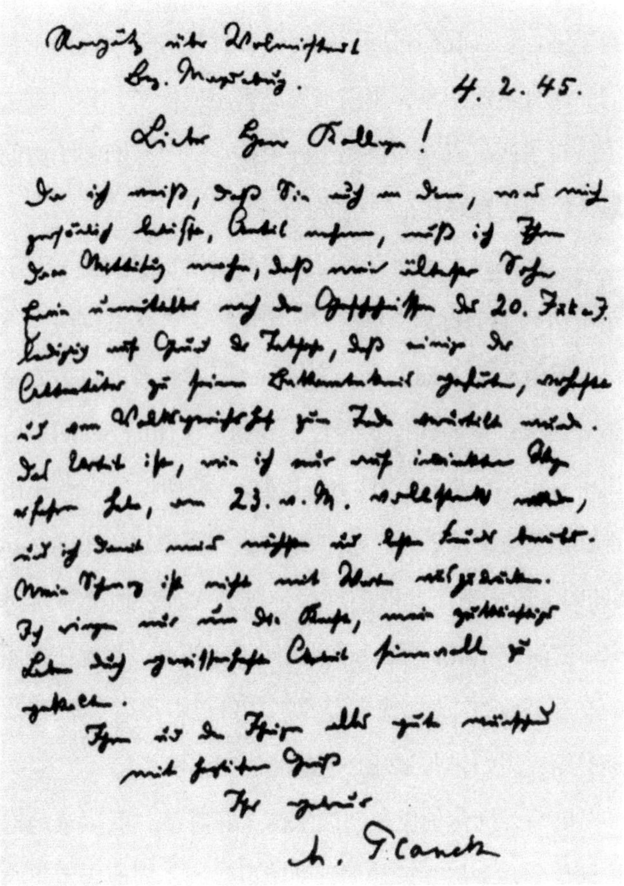

普朗克给阿诺德·索末菲的信

19 世纪初，他的曾祖父戈特利布·雅各布·普朗克（Gottlieb Jakob Planck）和祖父海因里希·路德维希·普朗克（Heinrich Ludwig Planck）曾在哥廷根担任神学教授。如今，他来到了祖先曾经生活过的城市。侄女热情地接待了他，安排普朗克夫妇住在家里。"几经周折，我们终于和亲人团聚，今天是住在赛德尔家的第 14 天。我们的丈夫很难做出改变，而如今看来，我们的选择没有错。普朗克之前曾住院 5 周，医院给他注射了普鲁卡因，疼痛有所缓解。但总的来说，情况依然不容乐观，他走路很困难，而且常常感到很累。如果您看到他这一年的变化，一定会感到惊讶。因为他的精神大不如前，他的记忆力开始下降，在疲倦时很难集中注意力；写信对他来说也成了一件难事。他真的变老了许多。在哥廷根的这段时间里，他的状态还不错，同事们也经常关心他。"[157]

哥廷根这座古老的、仅轻微受损的大学城成了许多学者的避难所。在这里，他们再次找到了熟悉的学术氛围，因此也出现了严重的住房短缺和食物供应不足。8 月中旬，这些在哥廷根的教授面临严峻的生存问题。"根据英国军政府的命令，工资突然停止发放，今天我收到大学董事会的通知，我作为退休大学教授有权享有的定期支付到 6 月份的养老金福利现在已经取消。新政适用于所有新近搬到哥廷根的教授，这不禁将我置于一个非常尴尬的境地。" [158]

阿道夫·格里姆（Adolf Grimme）曾经多次为普朗克提供经济支持，后来这位下萨克森州的文化部部长还主动为普朗克争取特殊津贴。1945 年 10 月 18 日，他建议哥廷根市市长为普朗克特批煤炭。"我认为，如果哥廷根市能够帮助这位世界著名学者挺过这个冬天，将极大程度的提高本市的声望。"

普朗克当时已经 88 岁了，他的身体因脊椎硬化而萎缩。他曾经是登山和体操爱好者，如今却变成了一个驼背的老人，走路都必须用拐杖。曾经的房子装修精美，如今却只配备了一些简单的家具。马克斯·普朗克与其第一任妻子所生的 4 个孩子全都去世了，他失去了所拥有的一切。"过去 8 年里，世界发生了巨变，平静的工作和舒适的生活方式被狂热与痛苦所取代。摆脱不幸的唯一救赎就是进入一个更高的精神世界，在这个世界里，我们不会被强迫做我们不喜欢的事情。" [159]

对于普朗克来说，逃离绝望的唯一途径就是忠于工作。而对于一位 88 岁的老人来说，尽管他有着坚强的意志力，但他不可能完成如此多的任务。不可思议的是，普朗克再次取得了划时代的成功。当然，这一次主要是因为他的知名度已经成为传奇，而非通过从事科研工作。他拯救了威廉皇帝学会。

在战争的最后几个月里，恩斯特·特尔肖博士（Dr. Ernst Telschow）将威廉皇帝学会的办公地点迁至哥廷根。战后，特尔肖在经过评估与计算后得出结论，学会损失惨重，办公大楼大部分被毁，许多成员死亡或失踪，工资停止发放，与其他机构的联系完全中断。1941年接替卡尔·博世的学会主席、总所长阿尔伯特·沃格勒（Albert Vögler），在战争结束后自杀身亡。马克斯·普朗克是唯一健在的前主席，而且正在哥廷根——学会办公所在地。特尔肖认为，普朗克是学会主席的最佳人选，"他立即同意了我的请求，决定担任学会主席。这一决定对于威廉皇帝学会的重建至关重要，因为普朗克的权威性为管理工作提供了坚实的基础"。[160]

1945 年 7 月 25 日，普朗克写信给奥托·哈恩，哈恩此时和 9 名德国物理学家被拘留在英国。"作为威廉

哈恩、比尔曼、海森堡和特尔肖

皇帝学会的前主席，我非常关心学会的未来命运。主席的职位不能长期空缺，我已向特尔肖建议，由各位所长推举合适的候选人。我相信，所有人都会推选您担任主席。在我看来，您的确是最合适、最能代表学会的人选。接下来，我将按照学会的规定，详细列出支持您的理由，从而说服其他人。不知您是否做好准备，接受我们的邀请，请您尽快回复。我当然是希望您能加入，并担任威廉皇帝学会的新主席。在您回国前，我愿意代表您。"[161]

1945 年 8 月初，特尔肖带着普朗克的一封手写信，

Kaiser-Wilhelm-Gesellschaft zur Förderung der Wissenschaften e. V.
Generalverwaltung

Bank-Konto: Reichs-Kredit-Ges. A. G.
Postscheck-Konto: Berlin 169 310

Göttingen, ~~Berlin~~, den 30. Juli 1945,
~~Unter den Linden~~ Herzberger Landstraße
~~Fernsprecher: 11 48 81~~ 24 pt.,
~~Telegramm-Adresse: KaWiGes Berlin~~ Tel. 2569.

Dr. Max Planck.

An

die Herren Direktoren
aller Kaiser-Wilhelm-Institute.
================================

Es ist für mich eine besondere Freude, daß Herr Dr. Telschow
durch einen Auftrag der Militär-Regierung die Möglichkeit
hat, die Direktoren aller Kaiser-Wilhelm-Institute in der
westlichen Zone zu besuchen und mir nach seiner Reise zu be-
richten. Ich hoffe, daß es gelingen wird, die Kaiser-
Wilhelm-Gesellschaft und ihre Institute auch durch diese be-
sonders schwierige Zeit hindurchzuführen.

Mein Bestreben ist es, sie in ihrer Gesamtheit zu erhalten
und damit auch für das einzelne Institut die besten Arbeits-
möglichkeiten zu schaffen, denn gerade in ihrer gemeinschaft-
lichen Arbeit liegt die Stärke der Kaiser-Wilhelm-Gesellschaft.

Ich bitte, mich in diesem Bestreben zu unterstützen und gege-
benenfalls bei Fragen von entscheidender Bedeutung, die ört-
lich auftreten, dieses Ziel im Auge zu behalten.

Allen Herren wünsche ich persönlich alles Gute und eine er-
folgreiche Weiterarbeit für unsere Gesellschaft!

Dr. Max Planck

1945 年 7 月 30 日普朗克给所有威廉皇帝学会研究所所长的信，
内容是报告当前情况，鼓励他们恢复研究所工作开始了一次前往各研究所的"奥德赛之旅"：

奉军政府之命，特尔肖博士来到威廉皇帝学会慰问各位所长，复命时他还提到了我的名字，我欣喜万分。真心希望威廉皇帝学会及其研究所能够度过当下的艰难时期。

我的目标是保护学会的完整性，从而为各个机构创造工作机会，因为威廉皇帝学会的运行离不开其他各机构的团结协作。

我请求大家能与我共同努力，将团结协作牢记于心。[162]

在普朗克的呼吁下，之前看似支离破碎的威廉皇帝学会又重新回到科学研究的巅峰。阿道夫·布特南特（Adolf Butenandt）从蒂宾根写信给普朗克："特尔肖博士的来访令我们欣喜万分，特别当他提到，您将回归威廉皇帝学会，支持我们研究所。对此我们感激不尽！我们确信，在您的努力下，我们终将找到未来的道路，我们会竭尽所能为促进学会发展做出贡献。请您相信，我和我的同事们将不遗余力地捍卫困境中的德国科学。"[163]

普朗克和他的曾孙女

各研究所所长、阿道夫·格里姆和主教格奥尔格·施赖伯（Georg Schreiber）等在魏玛时期颇具影响力的学会支持者们纷纷加入其中，战前形成的学术圈又重新围绕在了马克斯·普朗克周围。

第 10 章

马克斯·普朗克学会

第二次世界大战结束后的第一年，德国的核物理学家们被释放。1946 年 1 月 12 日，奥托·哈恩和维尔纳·海森堡在 B. K. 布朗特上校（Colonel B. K. Blount）的陪同下来到哥廷根。第二天，在默克尔大街为他们举行了一场盛大的欢迎仪式。哈恩在日记中写道："我先去拜访了阿道夫·温道斯（Adolf Windaus），然后和海森堡去了普朗克家。我们带了面包、咸牛肉、黄油还有英国茶。普朗克的侄女希拉·赛德尔是一个非常善良的人，普朗克的身体和精神状况也比我预想的要好。他让我千万不要推脱威廉皇帝学会主席一职，接着我们开始喝酒，这瓶酒还是普朗克在法兰克福歌德奖的颁奖典礼上从法兰克福市市长手中接过来的。"

普朗克与马克斯·冯·劳厄

奥托·哈恩、马克斯·冯·劳厄和维尔纳·海森堡在哥廷根安顿下来。海森堡写道:"我很幸运,能与普朗克做邻居。他经常在花园栅栏前跟我说话,偶尔也会到我家来做客，我们一起在室内演奏音乐。"

1945 年 9 月，哥廷根乔治亚·奥古斯塔大学成为首所完全恢复工作的德国大学，英国军政府还批准其重新设立科研机构。只不过重建工作的主力军换成了年轻一代的科学家。马克斯·普朗克成为威廉皇帝学会名誉主席。奥托·哈恩写道："4 月 1 日，我去看望普朗克。他躺在床上，健康情况不佳。现在，我正式接替他担任威廉皇帝学会主席，他也终于可以卸下重担。"

为治疗脊椎硬化，普朗克再次入院。1946 年 5 月中旬，普朗克结束了 6 周的住院治疗，紧接着他就安排了旅行计划。原定于 1942 年举办的艾萨克·牛顿爵士诞辰 300 周年庆祝会因为战争原因被迫推迟，英国皇家学会将庆祝会的新日期定在 1946 年 7 月初。英国皇家学会邀请他们最年长的外国成员，唯一的德国人马克斯·普朗克出席参加。"感谢上帝，经过医院的长期治疗，我丈夫的疼痛减少了。不幸的是，他的记忆力变差了。在这种情况下，去英国存在很大的风险。但他非常想去，丝毫没有意识到旅途中的困难和劳累，我还担心他在精神上受伤。"[164]

英国军政府护送普朗克到伦敦，玛加也一如既往地全程陪在他身边。在庆祝活动上，普朗克受到外国同事们的欢迎和尊重。普朗克被认为是"另一个德国"的代表，人们永远不会忘记他伟大的科学成就和在第三帝国时期的政治立场。"说英语给他带来了一些困难，他只能扮演一个倾听者的角色。在介绍来宾环节，主持人依次指向各国代表：西班牙代表 X 教授、M 国某学院代表 Y 教授，轮到普朗克时，主持人停顿了下，随后说道：'无国籍代表普朗克教授。'"[165] 这段由瑞士医生恩

普朗克和他的第二任妻子玛加

普朗克与奥托·哈恩

斯特·韦尔夫林讲述的轶事对普朗克影响很大。他经历了德意志帝国的建立和崛起，并为科学做出了巨大的贡献。现在一切都被摧毁了，德国已不复存在。

在与英国的谈判中，重建威廉皇帝学会成为重点。英国最终同意了这一要求，但不允许再用"威廉皇帝"这个称号，因为19世纪初以来皇帝一直是德国军国主义的象征。另外，对于德国科学家来说，"威廉皇帝学会"一词有着特殊的含义，它是一个有着杰出科学成果的研究性组织，即便在希特勒时期也始终忠于科学理想。

进退两难之时，还有比"马克斯·普朗克学会"更好的名字吗？普朗克非常爽快地同意了这个提议，他并非为了满足虚荣心，而是因为他想为学会做最后一件事。允许学会使用他的名字，代表他已经将自己的全部奉献给科学事业。

1946年9月11日，"英管地区马克斯·普朗克科学促进会"在巴特德里堡正式成立。"应在座各位的要求，议定书中规定：在马克斯·普朗克学会成立之初，由普朗克先生担任名誉主席。"

1946年12月初，奥托·哈恩前往斯德哥尔摩领取诺贝尔奖。在给索末菲的信中，普朗克写道："我能感受到自己的身体在走下坡路。在哥廷根期间，我受到了来自亲戚和妻子的无微不至的照顾。"[166]

哈恩回到哥廷根后，普朗克、海森堡、温道斯和劳厄这些前诺贝尔奖获得者们一同向他表示祝贺。马克斯·普朗克在"每周新闻播报"栏目的摄像机前发表祝贺演讲，短时间内他停顿了多次，不得不重新开始。

1947年1月，由于火车上没有暖气，普朗克在巡回演讲的路上患了重感冒，后来发展成双肺肺炎。注射青霉素后，普朗克度过了感染期，且没有出现其他并发症。"是的，他挺过了这次打击，这简直是奇迹，而且他还比以前更精神了。当时，我们考虑到了护理和食宿等问题，唯独没注意车厢内是否供暖。还好，医院里的暖气很热。房间虽小，但可以看到莱茵河谷和七峰山那童话般的美景。早晨，太阳像一个红色的球从雾中升起；晚上，从不断变化的云彩中透出梦幻般的光亮。我完全没有住院的感觉，仿佛自己身在高处，可以随时欣赏美景。儿媳妇来探望我们，她刚搬到科隆几周，尽管外面冰天雪地，她还是每天开车往返。对于我的丈夫来说，她是埃尔温留下的唯一遗产。她是一个坚强的女人，勇敢地克服了所有的苦难，并且没有失去她的幽默感。克莱门斯·谢弗（Clemens Schäfer）和格拉赫等人也来看望普朗克。医院条件太好了，且非常便宜，于是我们在医院里住了很长时间，还打算继续在这里做病后疗养。"[167]

在普朗克 89 岁生日的前几天，他的身体完全康复了，随即出院回家。"我已经 89 岁了，不能再从事科学工作了；我能做的就是时刻关注与我的研究领域相关的最新动态，还有通过演讲的方式满足人们（尤其是年轻人）对真理和知识的渴望。"[168]

天文学家迪德里希·瓦滕贝格（Diedrich Wattenberg）是普朗克最后接待的访客之一，他回忆起 1947 年 7 月探望普朗克时的场景："我永远不会忘记当我走进默克尔大街时，见到的那个佝偻的身影。这位老人戴着平顶布帽，拿着标志性的拐杖，步态有些拖沓。我一眼就认出他是普朗克。目送他回家后，我才登门拜访。他的妻子非常和善地接待了我，然后带我去见了马克斯·普朗克。他对我寒暄了几句，然后就把话题交由妻子引导，之后便一直保持沉默，但这并没有削弱我对他的良好印象。这位迟暮之年的老人虽行动不便，但他的个性仍然令人印象深刻。丰富的人生经历在他的脸上留下印记，这是一个伟大的灵魂。尽管他总是表现得很谦逊，但是任何人都无法抹去他在科学界的伟大功绩，他是知识的巨人。"[169]

几天后，普朗克在公寓里摔倒，上臂骨折，挫伤严重。他再次住院，几周后仍不见好转，而且频繁发作中风，最后于 1947 年 10 月 4 日去世。

3 天后葬礼如期举行。上午 10 点，哥廷根的阿尔巴尼教堂就已经挤满了人，一些人只能站在门外。神学院教授弗里德里希·戈加滕（Friedrich Gogarten）、奥托·哈恩和马克斯·冯·劳厄在葬礼上致辞。劳厄站在挂满花环的棺材旁，哽咽地说道："这个没有蝴蝶结装饰的简单花环代表着我对普朗克的感情。我谨代表他的学生向他表达永恒的爱意和不尽的感激。"[170]

物理系的学生将棺材抬到灵车上，由于距格罗纳大街公墓较远，因此没有真正的送葬队伍。无数载着家

Am 4. Oktober 1947 entschlief sanft im 90. Lebensjahr mein
innig geliebter Mann, unser lieber Vater, Schwiegervater,
Großvater, Urgroßvater, Schwager und Onkel

Professor Dr. Max Planck

Marga Planck geb. von Hoeßlin
Hermann Planck
Dr. Nelly Planck geb. Schoeller
Dorothea Planck geb. Sonnenburg
Dr. Grete Roos geb. Fehling
Emma Fehling
Dr. Hans Roos
Dr. Harry von Hoeßlin
Emma von Hoeßlin geb. Maier
Hilla Seidel geb Planck
Werner Seidel
und 3 Urenkel

Göttingen, Merkelstraße 12

Die Beisetzung hat am 7. Oktober 1947 in Göttingen stattgefunden.

1947 年 10 月 4 日普朗克去世后，亲属发布的讣告

人、朋友和学生的汽车跟在后面，此刻哥廷根教堂的钟声敲响。

在玛加收到的来自世界各地的吊唁信中，有一封来自新泽西州普林斯顿的来信意义非凡，寄信者是阿尔伯特·爱因斯坦。

您的丈夫成就了伟业，也经历了痛苦。和他一起工作的几年，是一段收获颇丰的美好时光。他致力于研究永恒的事物，但他对人性的、世俗的事物同样表现出浓厚的兴趣。如果领导者中多一些普朗克这样的人该有多好，整个人类世界都会因此而改变。但事实似乎并非如此，高尚的人往往是孤独的，是不受外界影响的。

我在您家里度过的时光及与普朗克的谈话都是我余生中最美好的回忆。您是普朗克的挚爱，给他带来了无尽的阳光与欢乐，希望您能尽快从悲伤中走出来，远方的我与您共同分担苦痛。

跋

感谢普朗克家族的成员：内莉·普朗克博士（Dr. Nelly Planck）、路易丝·格拉斯曼、格蕾特·鲁斯博士（Dr. Grete Roos）和梅希蒂尔德·塞德尔（Mechtild Seidel）提供的丰富信息和珍贵照片。没有他们的配合，这本传记就不可能完成。

弗里德里希·赫内克（Friedrich Herneck）、齐格弗里德·科赫（Siegfried koch）、内莉·普朗克博士、罗伯特·波尔、玛丽·路易丝·雷德（Marie-Luise Rehder）和恩斯特·特尔肖博士参与了手稿的修改和补充。需特别指出的是，君特·格拉斯曼提供了一份他尚未发表的手稿。物理学大师威廉·海因里希·韦斯特法尔以口述的方式详细介绍了普朗克的生平。作者对文本内容负全部责任。

同时，慕尼黑大学档案馆的莱蒂希娅·博姆（Laetita Boehm）教授、慕尼黑马普学会档案馆的卡塔琳娜·索佩（Katharina Saupe）女士、哥廷根马克斯普朗克学会总部的玛丽－路易丝·雷德女士、恩斯特·索末菲博士（Dr. Ernst Sommerfeld）和沃尔特劳特·维恩（Waltraat Wien）女士，以及慕尼黑博物馆、下萨克森州图书馆、哥廷根大学图书馆、柏林普鲁士文化遗产国家图书馆、法兰克福城市档案馆和慕尼黑马克西米利安文理中学提供了宝贵的原始信件和文件。在此，对他们表示衷心的感谢。

最后，感谢普朗克的秘书玛丽安·威利（Marianne Willi）女士为本书编写所做出的贡献。

阿明·赫尔曼

斯图加特

1972 年 8 月 15 日

人物述评

莉泽·迈特纳

在我认识普朗克的 40 年里，他给予我充分的信任，我们结下了深厚的友谊。令我十分钦佩的是，他在做决定时不会考虑是否对自己有利，他只做他认为正确的事情。

——《自然科学》，1958 年第 45 卷，第 407 页

海因里希·冯·菲克

我相信，没人能做到像马克斯·普朗克这般伟大，却如此谦逊。他从来不以权威自居，但他一开口，所有人都听他的。在柏林哲学学院的会议中，他总是能够用几句简单、平静、清晰的话结束长时间的讨论。因为每

个人都相信，普朗克的话一定是经过客观分析和深思熟虑的。他厌恶任何拉帮结派的行为。

——《物理学报》，1948 年第 4 卷，第 163 页

阿诺德·索末菲

如今，我们能听到光谱中原子谱成的美妙乐章，这是一种由整数比率构成的音程，融合了多样性，且展现出秩序感和和谐度。玻尔对谱线理论的提出做出了巨大贡献，但同时不能忽视另一个伟大的名字——普朗克。谱线定律和原子论都源于量子理论。量子理论是一种神秘的推理方法，大自然利用量子理论演奏光谱音乐，并根据其节奏调节原子和原子核的结构。

——《原子结构和谱线》第一版前言，1919 年

布伦瑞克

马克斯·冯·劳厄

普朗克的名字将永远被物理学界铭记。一代又一代的物理学家对量子理论的研究永无止境，普朗克首次开创性地引入了新的常数，这份超凡的勇气将激励未来几

个世纪的科学家。

——《柏林德国科学院年鉴》，1946—1949 年，

第 220 页

玛丽亚路易莎·斯特鲁布－莫雷斯科（Maria Luisa Strub–Moresco）

我非常敬佩普朗克，他平静且直接，充满活力，平易近人，带给人温暖。他用简单的几句话讲述了他在音乐方面的经历，音乐与科学在这个天才身上如此自然且和谐地融合在一起。

——特评，1972 年 5 月于斯图加特

威廉·海因里希·韦斯特法尔

普朗克身边的所有人，对他不仅仅有着尊敬和钦佩之情，更是像对父亲一样爱着他。高超的科研能力，高尚的人格，较高的共情能力都融合在这个纯洁的灵魂中。他愿意为他人提供建议和帮助。命运的接连打击并未击碎这个虔诚的灵魂，他一直是一个热爱生命的人，总能在宗教、科学、音乐和自然中找到内心的平衡。当他回顾硕果累累的一生时，内心非常满足。他取得了名

垂青史的伟大成就，获得了无数感谢与赞誉。诚然，这个伟大的生命并没有绚烂的落幕，而是一直笼罩在苦难的阴影中，但所有人清楚，普朗克这个名字仍将在遥远的未来继续闪耀。

——《自然科学》，1958 年第 45 卷，第 236 页

时间年表

1858 年 4 月 23 日	马克斯·普朗克出生于基尔
1867 年	搬到慕尼黑
1874 年	从马克西米利安文理中学毕业
1874 年 10 月 21 日	就读慕尼黑大学
1878 年	在柏林师从赫尔曼·冯·亥姆霍兹和古斯塔夫·基尔霍夫
1879 年 6 月 28 日	在慕尼黑大学获得博士学位，论文主题为热力学第二定律
1880 年 6 月 14 日	获得大学教师资格
1885 年 5 月 2 日	被任命为基尔大学特聘教授
1887 年 3 月 31 日	与玛丽·默克结婚

1889 年 4 月 1 日	任柏林大学副教授
1892 年 5 月 23 日	任柏林大学教授
1894 年	开始研究热辐射
1894 年 6 月 11 日	成为普鲁士科学院院士
1897 年	发表热力学演讲
1899 年	发现常数 h，后被称为普朗克常数
1900 年 10 月 19 日	提出热辐射定律
1900 年 12 月 14 日	在柏林的德国物理学会上分享量子理论，后来 12 月 14 日被誉为 "量子理论诞生日"
1905 年 3 月 10 日	搬入万根海姆街 21 号
1906 年	发表有关热辐射理论公开演讲。首次对阿尔伯特·爱因斯坦的相对论做科学评判
1909 年 10 月 17 日	玛丽·普朗克去世
1911 年 3 月 14 日	与玛加·冯·赫斯结婚
1912 年 3 月 23 日	任普鲁士科学院物理数学分部常务秘书
1913 年 10 月 15 日至 1914 年 10 月 15 日	任柏林大学校长

1916 年 5 月 26 日	儿子卡尔在凡尔登战役中战死
1917 年 5 月 15 日	女儿格雷特在产下第一个孩子后去世
1918 年	获诺贝尔物理学奖（1919 年 11 月正式宣布）
1919 年 11 月 21 日	女儿艾玛因难产去世
1926 年 10 月 1 日	从柏林大学教授职位退休
1929 年 6 月 28 日	德国物理学会设立马克斯·普朗克奖
1930 年 7 月 18 日	担任威廉皇帝学会主席（至 1936 年 4 月），出版五卷本《理论物理导论》
1938 年年底	辞去普鲁士科学院常务秘书职务
1943 年	到马格德堡附近的罗加茨避难
1944 年 2 月 15 日—16 日	位于格鲁内瓦尔德的房子毁于柏林空袭
1945 年 1 月 23 日	儿子埃尔温被指控参与暗杀希特勒行动
1945 年 5 月 16 日	在美方帮助下投奔哥廷根的亲戚
1945 年 7 月	普朗克再次接任威廉皇帝学会主席职务，1946 年 4 月 1 日奥托·哈恩上任后成为名誉主席
1945 年 8 月 28 日	获法兰克福歌德奖

1946 年 9 月 11 日	成立"英管地区马克斯·普朗克科学促进会",担任名誉主席
1947 年 3 月 28 日	在波恩发表最后一次对外演讲
1947 年 10 月 4 日	马克斯·普朗克在哥廷根去世

注 释

1.《Zeugnisnoten-Protokoll des K. Maximiliansgymnasiums in München》.München 1867f

2. Bernhard Winterstetter:《Zum 100. Geburtstag von Max Planck》. In:《Stimmen aus dem Maxgymnasium》, Jg. 6/1958, S. 2f

3. *Vorträge und Erinnerungen*. 7. Aufl. Darmstadt 1969. S. 1

4. Günther Graßmann:《Max Planck》(Sondernummer《Max Planck》 der Vereinszeitung des AGV München》). München 1958. S. 1f

5. *Vorträge*, S. 80

6.《Zeugnisnoten》, a. a. O.

7. Ebd.

8. Ebd.

9.《Jahresbericht über das K. Maximiliansgymnasium》. München 1874

10. Brief an Josef Strasser, 14. Dezember 1930

11. Albert Hartmann:《Max Planck im Musikleben des Akademischen Gesangvereins München》. In:《Vereinszeitung des AGV München》, Jg. 37/1958, Nr. 5, S. 2

12. Iris Runge:《Carl Runge und sein wissenschaftliches Werky》. Göttingen 1949. S. 24

13. Ebd., S. 25f

14. Heinrich Hertz: 《Erinnerungen, Briefe, Tagebücher》. Leipzig [1928].
    S. 72

15. *Physikalische Abhandlungen und Vorträge*. Braunschweig 1958. Bd.
    III, S. 375f

16. 《Max Planck in seinen Akademie-Ansprachen》. Berlin 1948. S. 4f

17. Fakultätsakten der Ludwig-Maximilians-Universität. Archiv

18. Ebd.

19. Ebd.

20. *Vorträge*, S. 4

21. Ebd., S. 4f

22. Fakultätsakten der Ludwig-Maximilians-Universität. Archiv

23. Günther GraBmann: 《Max Planck》(unveröffentl. Vortrag 1972). S. 1

24. *Vorträge*, S. 5

25. *Physikalische Abhandlungen*, Bd. III, S. 378f

26. Ebd.

27. Schriftstücke aus der amtlichen Tatigkeit. Deutsches Zentralarchiv,
    Abt. Merseburg. Rep. 76 Kultusministerium, Nr. 2

28. Brief an Leo Graetz, 18. Juni 1888

29. Schriftstücke aus der amtlichen Tätigkeit, Nr. 4

30. *Physikalische Abhandlungen*, Bd. III, S. 359

31. Ebd., S. 361f

32. Begleittext zur Schallplatte 《Stimme der Wissenschaft》. Diskogr-
    aphische Dokumente 15/4. Frankfurt a. M. o. J. S. 6

33. Agnes von Zahn Harnack: 《Erinnerungen an Max Planck》. In:
    Physikalische Blätter》, Jg. 4/1948, S. 165f

34. *Physikalische Abhandlungen*, Bd. III, S. 384

35. Max von Laue: 《Zu Max Plancks 100. Geburtstage》. In: 《Die
    Naturwissenschaften》, Jg. 45/1958, S. 223

36. *Physikalische Abhandlungen*, Bd. III, S. 359

37. 《Zu Max Plancks sechzigstem Geburtstag》. Karlsruhe 1918. S. 30

38. *Physikalische Abhandlungen*, Bd. III, S. 398f

39. Gustav Kirchhoff: 《Uber das Verhaltnis zwischen dem Emmissionsver-mögen und dem Absorptionsvermögen》. In: Poggendorffs Annalen zur Physik》, Bd. 109/1860, S. 292

40. *Physikalische Abhandlungen*, Bd.III,S.389f

41. *Physikalische Abhandlungen und Vorträge*. Braunschweig 1958. Bd. I, S. 666

42. Arnold Sommerfeld: 《Gedachtnisfeier der Physikalischen Gesellschaft in Württemberg-Baden》. In: 《Annalen der Physik》, 6. Folge, Bd. 3/1948, S. 5

43. Brief von Robert Pohl an den Autor, 11. Juni 1972

44. *Vorträge*, S. 181

45. *Physikalische Abhandlungen*, Bd. II, S. 407

46. Ebd. S. 263

47. Armin Hermann: 《Frühgeschichte der Quantentheorie》. Mosbach 1969. S. 31f

48. Ebd., S. 32

49. Sommerfeld, a. a. O., S. 5

50. Ernst Lamla: 《Erinnerungen an Max Plancky》. In: 《Physikalische Blätter》, Jg. 4/1948, S. 174

51. Lise Meitner:《Max Planckals Menschy》. In:《Die Naturwissenschaften》, Jg. 45/1958, S. 406

52. *Physikalische Abhandlungen und Vorträge*. Braunschweig 1958. Bd. II, S. 115

53. Brief an Albert Einstein, 6. Juli 1907

54. Ebd.

55. Brief an Albert Einstein, 8. September 1908

56. Brief an Albert Einstein, 6. Juli 1907

57. *Physikalische Abhandlungen*, Bd. II, S. 242f

58. Brief an Wilhelm Wien, 27. Februar 1909

59. *Physikalische Abhandlungen*, Bd. II, S. 397

60. Hermann, a. a. O., S. 154

61. Ebd., S. 153

62. Brief an Wilhelm Wien, 27. Februar 1909

63. Brief an Wilhelm Wien, 22. Oktober 1909

64. Brief an Wilhelm Wien, 27. Februar 1911

65. Wilhelm H.Westphal:《Max Planck als Menschy》. In:《Die Naturwissenschaften》, Jg. 45/1958, S. 235

66. Zahn-Harnack, a. a. O., S. 166

67. Brief an Heinrich Greinacher, 28. April 1942

68. *Physikalische Abhandlungen*, Bd. III, S. 415

69. Meitner, a. a.O., S. 407f

70. *Vorträge*, S. 69

71. Axel von Harnack:《Erinnerungen an Max Planck》. In:《Physikalische Blätter》, Jg. 4/1948, S. 170

72. Agnes von Zahn-Harnack:《Adolf von Harnacky》. 2. Aufl. Berlin 1951.S. 345

73. Brief an Wilhelm Wien, 8. November 1914

74. Hans Frühauf:《Max Planck als beständiger Sekretary》. In:《Max Planck zum Gedenken》. Berlin 1959. S. 6

75. Brief von Hendrik Antoon Lorentz an Wilhelm Wien, 3. Mai 1915

76. Hans Wehberg:《Wider den Aufruf der 93! Das Ergebnis einer Rundfragey》. Berlin 1920. S. 19f

77. Brief an Wilhelm Wien, 4. Mai 1915

78. Isidore Rabel:《Interview mit den Sources for History of Quantum Physics》(unveröffentl. Manuskript im Niels-Bohr, Archiv, Kopenhagen)

79. Brief an Wilhelm Wien, 29. Mai 1917

80. *Physikalische Abhandlungen*, Bd. III, S. 401

81. 《Zu Max Plancks sechzigstem Geburtstag》, a. a. O., S. 29, 31

82. 《Sitzungsberichte der K. Preußischen Akademie der Wissenschaften》, Jg. 1918, S. 993 (14. November 1918)

83. Ebd.

84. Brief an Wilhelm Wien, 21. Oktober 1919

85. Brief an Arnold Sommerfeld, 15. Dezember 1919

86. Brief an Wilhelm Wien, 20. Juni 1920

87. 《Sitzungsberichte》, a. a. O.

88. Kurt Zierold: 《Forschungsförderung in drei Epochen》. Wiesbaden 1968. S.12

89. Brief an Wilhelm Wien, 13. Juni 1922

90. Armin Hermann:《Forschungsförderung der Deutschen Forschungsgemeinschaft und die Physik der letzten 50 Jahrey》. In: 《DFG Mitteilungen》 4/70, S. 24f

91. Ebd., S. 25

92. Brief an Wilhelm Wien, 9. Juli 1922

93. Brief an Max von Laue, 9. Juli 1922

94. Brief an Albert Einstein, 10. November 1923

95. Brief an Hendrik Antoon Lorentz, 5. Dezember 1923

96. Brief an Arnold Sommerfeld, 1. Juli 1923

97. Erwin Schrödinger: 《Planck, Einstein, Lorentz. Briefe zur Wellenmechanik》. Hg. von K. Przibram.Wien 1963. S. 6

98. Armin Hermann: 《Erwin Schrödinger. Eine Biographiey》. In: 《Dokumente der Naturwissenschaft》Bd. 3. Stuttgart 1963. S. 187

99. Brief an Wilhelm Wien, 21. Oktober 1927

100. Brief an Arnold Sommerfeld, 2. Februar 1929

101. *Physikalische Abhandlungen*, Bd. II, S. 389

102. Friedrich Glum:《Zwischen Wissenschaft, Wirtschaft und Politik》.
Bonn 1964. S. 378

103. Ernst Wolfflin:《Persönliche Erinnerungen an Max Planck》. In:《Neue
Schweizer Rundschau》, N. F. Jg. 16/1949, S. 623

104. Brief an Albert Einstein, 19. März 1933

105. Brief an Albert Einstein, 13. April 1933

106. Brief an Albert Einstein, 31. Marz 1933

107. Brief von Albert Einstein, 6. April 1933

108. Friedrich Herneck:《Albert Einstein.Ein Leben für Wahrheit, Men-
schlichkeit und Frieden》. 3. Aufl. Berlin 1967. S. 206f

109. Brief an Max von Laue, 11. September 1933

110.《Mein Besuch bei Adolf Hitler》. In:《Physikalische Blätter》, Jg.
3/1947, S.143

111. Brief an Max von Laue, 22. Marz 1934

112. Meitner, a. a. O., S. 407

113. Brief an Max von Laue, 21. August 1935

114.《New York Times》, Januar 1936

115. Brief an Max von Laue, 22. Dezember 1936

116. Brief an Max von Laue, 17. November 1937

117. William Edward Dodd:《Ambassador Dodd's Diary》. New York
1941. S. 431

118.《Das Schwarze Korps》, 15. Juli 1937

119. Brief an Max von Laue, 17. November 1937

120. Ernst Brüche:《Vom großen Fest der Physiker im Jahre 1938》.
Begleittext zur Schallplatte《Stimme der Wissenschaft》

121. Begleittext zur Schallplatte, S. 10f (s.Anm.32)

122. Brüche, a. a. O., S. 2f

123. Graßmann,《Max Planck》, München 1958, S. 7

124. *Vorträge*, S. 318f, 333

125. Heinrich von Ficker:《Erinnerungen an Max Planck》. In: Physikalische Blätter》, Jg. 4/1948, S. 165

126. Herneck, a. a. O., S. 365

127. Alfred Bertholet:《Erinnerungen an Max Planck》. In:《Physikalische Blatter》, Jg. 4/1948, S. 162

128. Wilhelm H. Westphal:《Erinnerungen an Max Planck》. In:《Physikalische Blätter》, Jg. 4/1948, S. 168

129. Brief an Max von Laue, 26. April 1941

130. Brief an Max von Laue, 12. Marz 1943

131. Brief an Max von Laue, 24. April 1943

132. Akten des Stadtarchivs Frankfurt a. M.

133. Brief an Max von Laue, 19. August 1943

134. Brief an Max von Laue, 30. Oktober 1943

135. Brief an Max von Laue, 27. November 1943

136. Brief an Max von Laue, 22. November 1943

137. Brief an Max von Laue, 18. Februar 1944

138. Brief an Max von Laue, 24. März 1944

139. Brief von Marga Planck an Max von Laue, 22. April 1944

140. Brief von Marga Planck an Max von Laue, 20. Mai 1944

141. Brief von Marga Planck an Max von Laue, 4. Juni 1944

142. WernerHeisenberg:《Zum 100. Geburtstag von Max Planck》. In:《Stimmen aus dem Maxgymnasium》, Jg. 6/1958, S. 15

143. Brief an Max von Laue, 8. August 1944

144. Brief von Marga Planck an Luise Wien, 3. Januar 1945

145. Brief an Max von Laue, 2. November 1944

146. Brief an Max von Laue, 6. September 1944

147. Dieter Bachmann und Walter Trummert:《Max Planck in der Vorlesung von Sauerbruch》. In:《Münchener Medizinische Wochenschrift》, Jg. 112/1970, S. 160f

148. Brief von Marga Planck an Max von Laue, 8. März 1945

149. Ebd.

150. Brief an Arnold Sommerfeld, 4. Februar 1945

151. Brief an Fritz und Grete Lenz, 2. Februar 1945

152. Brief an Alfred Bertholet, 28. März 1945

153. Brief von Marga Planck an Max von Laue, 8. März 1945

154. Brief von Marga Planck an Maria Vogel (Amorbach), ohne Datum

155. Ebd.

156. Brief von Robert Pohl an den Autor, 11. Juni 1972

157. Brief von Marga Planck an Arnold Sommerfeld, 13. September 1945

158. Brief an Adolf Grimme, 14. August 1945

159. Brief an Arnold Sommerfeld, 5. Mai 1946

160. Ernst Telschow: wBericht über die Kaiser-Wilhelm-Gesellschaft von Ende 1944 bis zur Ernennung des Präsidenten Otto Hahn 》 (unveröffentl. in den Akten der Max-Planck-Gesellschaft, München)

161. 《50 Jahre Kaiser-Wilhelm-Gesellschaft und Max-Planck-Gesellschaft zur Förderung der Wissenschaften 1911-1961. Beiträge und Dokumente 》. Göttingen 1961. S. 199

162. Erika Bollmann [u.a.]: 《Erinnerungen und Tatsachen. Die Kaiser-Wilhelm-Gesellschaft...1945/1946 》. Stuttgart 1956. S. 21

163. Ebd., S. 25

164. Brief von Marga Planck an Arnold Sommerfeld, 3. Juli 1946

165. Wölfflin, a. a. O., S. 625

166. Brief an Arnold Sommerfeld, 4. Dezember 1946

167. Brief von Marga Planck an Luise Wien, 15. April 1947

168. Brief an die Zeitschrift 《Atlantis 》. In:《Atlantis 》, Jg. 14/1947, S. 223

169. Diedrich Wattenberg:《Letzte Begegnung mit Max Planck 》. In:《Vortrage und Schriften der Archenhold-Sternwarte 》 11 (1962), S. 3f

170. *Physikalische Abhandlungen*, Bd. III, S. 420

参考文献

----◆◆✠◆◆----

1. 相关图书

Das Prinzip der Erhaltung der Energie. Leipzig 1887-5. Aufl. 1924

Vorlesungen über Thermodynamik. Leipzig 1897-11. Aufl. 1964

Vorlesung über die Theorie der Warmestrahlung. Leipzig 1906-6. Aufl. 1966

Acht Vorlesungen über theoretische Physik, gehalten an der Columbia University. Leipzig 1910

Einführung in die theoretische Physik. 5 Bde. Leipzig 1916-1930

Max Planck in seinen Akademie-Ansprachen. Erinnerungsschrift der Deutschen Akadamie der Wissenschaften zu Berlin. Berlin 1948

Hier nicht aufgenommene Ansprachen in: Sitzungsberichte der Preußischen Akademie der Wissenschaften

Physikalische Abhandlungenund Vortrage. 3 Bde. Braunschweig 1958

Vorträge und Erinnerungen. 7. Aufl. Darmstadt 1969

Vom Wesen der Willensfreiheit und andere Vortrage. Mit einer Einleitung von Armin Hermann, Frankfurt a. M. 1990

2. 书信

迄今为止，为了对普朗克本人和其著作表示尊敬，仅有小部分的重要自述类史料得以出版。本书中引用的大量自传体书信均为首次出版，具有极高的历史价值。

3. 档案

《慕尼黑马克西米利安文理中学年报》，1867 年出版于慕尼黑。

《马克西米利安文理中学成绩册》，1869 年。

路德维希 – 马克西米利安大学系档案。

柏林的卡尔·威廉学会和马克斯·普朗克学会的档案。

法兰克福市的档案文件。

4. 二手文献

ALBRECHT, HELMUTH: «Max Planck: Mein Besuch bei Adolf Hitler.» Anmerkungen zum Wert einer historischen Quelle. In: Albrecht, Helmuth (Hg.): Naturwissenschaft und Technik in der Geschichte. 25 Jahre Lehrstuhi für Geschichte der Natur-wissenschaft und Technik.. Stuttgart 1993, S. 41−63

BACHMANN, DIETER, und WALTER TRUMMERT: Max Planck in der Vorlesung von Sauerbruch. In: Münchener Medizinische Wochenschrift, Jg. 112/1970, S. 158−161

BRÜCHE, ERNST: Vom großen Fest der Physiker im Jahre 1938. In: Begleitmanuskript zur Schallplatte α Stimme der Wissenschaftw 15/4. Frankfurt a. M. o. J.

DINGLER, HUGO: Max Planck und die Begründung der sog. modernen theoretischen Physik. Berlin 1939

DINKLER, ERICH: Max Planck und die Religion. In: Zeitschrift für Theologie und Kirche, Jg. 56/1959, S. 201−223

ECKERT, MICHAEL: Die Atomphysiker. Eine Geschichte der thoretischen Physik am Beispiel der Sommerfeld-Schule. Braunschweig 1988

FALKENHAGEN, HANS: Die Elektrolytarbeiten von

Max Planck und ihre weitere Entwicklung. In: Max-Planck-Festschrift 1958. Berlin 1958. S. 11-34

FICKER, HEINRICH VON: Erinnerungen an Max Planck. In: Physikalische Blätter, Jg. 4/1948, S. 162-165

FLAMM, LUDWIG: Max Planck t. In: Almanach der österreichischen Akademie, Jg. 1948, S. 222-227

FRÜHAUF, HANS: Max Planck als beständiger Sekretar der Preußischen Akademie. In: Max Planck zum Gedenken. Hg. von der Deutschen Akademie der Wissenschaften zu Berlin. Berlin 1959

GERLACH, WALTHER: Die Quantentheorie. Max Planck, sein Werk und seine Wir-kung. Bonn 1948

Max Planck und sein Werk. In: Naturwissenschaft heute. Gütersloh 1965. S. 16-24

Die Promotion von Max Planck 1879. In: Jahrbuch der Max-Planck-Gesell-schaft. Jg. 1969, S. 42-45

Max Planck. In: Die Großen der Weltgeschichte Bd. IX. Zürich 1970. S. 381-403

GLUM, FRIEDRICH: Zwischen Wissenschaft, Wirtschaft und Politik. Bonn 1964

GoLDBERG, STANLEY: Max Planck's philosophy of nature and his elaboration of the special theory of relativity. In: Historical Studies in the Physical Sciences.

Vol. 7, 1976, S. 125-160

GRASSMANN, GUNTHER: Max Planck. München 1958 (=Sondernummer «Max Planck» der Vereinszeitung des AGV München)

Max Planck. Unveröffentl. Vortrag 1972

GRIMME, ADOLF: Briefe. Hg von DIETER SAUBERZWEIG Heidelberg 1967

HAHN, OTTo: Zur Erinnerung an die Haber-Gedächtnisfeier vor 25 Jahren. In: Mitteilungen aus der Max-Planck-Gesellschaft 1 (1960), S. 3-13

Mein Leben. München 1968

HARNACK, AXEL VON: Erinnerungen an Max Planck. In: Physikalische Blätter, Jg. 4/1948, S. 170f

HARTMANN, ALBERT: Max Planck im Musikleben des Akademischen Gesangver-eins München. In: Vereinszeitung des AGV München, Jg. 37/1958, Nr. 5

HARTMANN, HANS: Max Planck als Mensch und Denker. Berlin 1943-2. neubearb. Aufl. Leipzig 1948

Gehört Max Planck in die Geschichte der Philosophie? In: Zeitschrift für philo-sophische Forschung, Bd. 13/1959, S. 118-128

HEILBRON, JOHN L. : Max Planck. Ein Leben für die Wissenschaft 1858-1947. Stuttgart 1988

HEISENBERG, WERNER: Das Plancksche Wirkungsquantum. In. Preußische Akademie der Wissenschaften. Vorträge und Schriften, H. 21. Berlin 1945

Die Auswirkungen des Lebenswerkes Max Plancks. In: Angewandte Chemie, Jg. 61/1949, S. 115-117

Zum 100. Geburtstag von Max Planck. Festrede. In: Stimmen aus dem Maxgymna-sium, Jg. 6/1958, S. 6-17

Der Teil und das Ganze. Gespräche im Umkreis der Atomphysik. München 1969

HERMANN, ARMIN: Frühgeschichte der Quantentheorie. Mosbach 1996

Einstein. Der Weltweise und sein Jahrhundert. Eine Biographie. München 1995

Die Deutsche Physikalische Gesellschaft 1899-1945. In: Physikalische Blatter. Jg. 51, Heft1, S. F-61-F-105 (Festschrift: 150 Jahre DPG)

HERNECK, FRIEDRICH: Ein Brief Max Plancks über sein Verhaltnis zum Gottesglau-ben. In: Forschungen und Fortschritte, Jg. 32/1958, S. 364-366

Bemerkung zur Religiosität Max Plancks. In: Physikalische Blatter, Jg. 16/1960, S. 382-384

Albert Einstein. Ein Leben für Wahrheit, Menschlichkeit und Frieden. 3. Aufl. Berlin 1967

Bahnbrecher des Atomzeitalters. Große Naturforscher von Maxwell bis Heisenberg, 4. Aufl. Berlin 1969

HÖNL, HELMUT: Zum hundertsten Geburtstag von Max Planck. In: Schweizer Monatshefte, Jg. 38/1958, S. 22-30

HOFFMANN, DIETER: Max Planck (1858-1947). In Wissenschaft und Fortschritt, Jg. 33/1983, H. 4, S. 126-131

Max Planck als akademischer Lehrer. In: itw-Kolloquien, H. 35, S. 55-72

HUND, FRIEDRICH: Geschichte der Quantentheorie. Mannheim 1967 (=BI Hoch-schultaschenbuch. 200/200 a)

JAMMER, MAx: The Conceptual Development of Quantum Mechanics. New York 1966

JANOSSY, LAJOS: Die philosophischen Ansichten Plancks in der Physik. In: Max-Planck-Festschrift 1958. Berlin 1959. S. 389-407

JoFFE, A. F., und A. T. GRIGORIAN(Hg.): Max Planck 1858-1958. Moskau 1958 [russ.]

JUNGNICKEL, CHRISTA, und McCoRMMACH, RUSSELL: Intellectual Mastery of Na-ture. Theoretical Physics from Ohm to Einstein. 2 Bde. Chicago und London 1986

KANGRO, HANs: Vorgeschichte des Planckschen Strahlungsgesetzes. Wiesbaden 1970 Planck, Max Karl Ernst Ludwig. In: Dictionary of Scientific Biography. Vol. XI. New York 1975, S. 7—17

KANT, HORSR: Zur Vorgeschichte der Nobelpreis-Verleihung an Planck und zur Persönlichkeit Max Plancks. In: itw-Kolloquien, H. 35, S. 85—96

KERSCHENSTEINER, GERHARD: Max Plancks Forderung an Theologie und Kirche. In: Wissenschaftliche Zeitschrift der Ernst-Moritz-Arndt-Universität Greifswald. Ges. und sprachw. Reihe, Jg. 10/1961, S. 243—252

KLEIN, MARTIN J. : Max Planck and the Beginnings of Quantum Theory. In: Archive for History of Exact Sciences, vol. 1/1962, S. 459—479

Planck, Entropy, and Quanta, 1901-1906. In: The Natural Philosopher, vol. 1. New York-London 1963. S. 83—108

KLEIN, MARTIN J. U. A.: The Collected Papers of Albert Einstein. Vol. 5 Princeton 1993

KLoHR, Olor: Max Planck-Naturwissenschaft-Religion. In: Wissenschaftliche Zeitschrift der Martin-Luther-Universität Halle-Wittenberg. Math. naturw. Reihe, Jg. 6/1956/57, S. 293—299

Naturwissenschaft, Religion und Kirche. Berlin 1958

KRETSCHMAR, HERMANN: Max Planck als Philosoph. München-Basel 1967

KROPP, GERHARD: Die philosophischen Gedanken Max Plancks. In: Zeitschrift für philosophische Forschung, Bd. 6/1962, S. 434–458

LAMLA, ERNST: Erinnerungen an Max Planck. In: PhysikalischeBlatter, Jg. 4/1948, S. 172–174

Max Planck. In: Forscher und Wissenschaftler im heutigen Europa Bd. 1. Oldenburg 1955. S. 38–46

Zum 100. Geburtstage Max Plancks. In: Der mathematische und naturwissen-schaftliche Unterricht, Bd. 11/1958, S. 1–8

LANKENAU, EHRFRIED: Max Planck und die Philosophie. Bonn 1957

LAUE, MAx voN: Max Planck. In: Die Naturwis-senschaften, Jg. 35/1948, S. 1–7 Zu Max Plancks 100. Geburtstage. In: Die Naturwissenschaften, Jg. 45/1958, S. 221–226

Zu Max Plancks 100stem Geburtstag. In: Jahrbuch der Max-Planck-Gesell-schaft, Jg. 1958, S. 5–25

Nachruf auf Max Planck. In: Jahrbuch der Deutschen Akademie der Wissen-schaften zu Berlin, Jg. 1946–1949.

Berlin 1950. S. 217-220

LIESENFELD, CORNELIA: Philosophische Weltbilder des 20. Jahrhunderts. Eine inter-disziplinäre Studie zu Max Planck und Werner Heisenberg. Würzburg 1992

MEISSNER, WALTHER: Max Planck zum Gedachtnis. In: Zeitschrift fürNaturfor-schung, Bd. 2a/1947, S. 587-595

Gedenkrede auf Max Planck. In: Sitzungsberichte der Bayerischen Akademie, math. -naturw. Klasse, Jg. 1949, S. 1-20

MEITNER, LISE: Max Planck als Mensch. In: Die Naturwissenschaften, Jg. 45/1958, S. 406-408

NAGEL, BENGT: The discussion concerning the Nobel prize for Max Planck. In: Science, technology, and society in the time of Alfred Nobel. Oxford 1982, S. 352-376

PYENSEN, LewIS: Physical sense in reality: Max Planck edits the Annalen der Physik, 1906-1918. In: Ernst Schmutzer (Hg.): Proceedings of the 9th Conference on Gen-eral Relativity and Gravitation, Jena i980. Berlin 1983, S. 285-302

ROSENFELD, LéoN: La première Phase de l'évolution de la Théorie des Quanta. In: Osiris, vol. II/1936, S. 149-196

Max Planck et la définition statistique de l'entropie.

In: Max-Planck-Festschrift 1958. Berlin 1959. S. 203—211

ROSENTHAL-SCHNEIDER, ILSE: Begegnungen mit Einstein, von Laue und Planck. Realität und wissenschaftliche Wahrheit. Herausg. von Braun, Thomas. Wiesbaden und Braunschweig 1988

RUNGE, IRIS: Carl Runge und sein wissenschaftliches Werk. Göttingen 1949

SCHAEFER, CLEMENS: Erinnerung an Max Planck. In: Der mathematische und naturwissenschaftliche Unterricht, Bd. 1/1948, S. 3—4

SCHOLZ, HEINRICH: In memoriam Max Planck. In: Frankfurter Hefte, Jg. 3/1948, S. 146—161

SCHRÖDINGER, ErwiN: Planck, Einstein, Lorentz. Briefe zur Wellenmechanik. Hg. von K. PRZIBRAM. Wien 1963

SOMMERFELD, ARNOLD: Gedächtnisfeier der Physikalischen Gesellschaft in Württemberg-Baden. In: Annalen der Physik, 6. Folge, Bd. 3/1948, S. 3—6

STICKER, BERNHARD: Max Planck. Mensch und Werk. In: Der mathematische und naturwissenschaftliche Unterricht, Bd. 20/1967, S. 241—249

STRAUSS, MARTIN: Max Planck und die Entstehung der Quantentheorie. In: For-schen und Wirken. Festschrift zur 150-Jahr-Feier der Humboldt-Universität zu Berlin Bd. 2. Berlin 1960. S. 367–399

THIELE, JOACHIM: Ein zeitgenössisches Urteil über die Kontroverse zwischen Max Planck und Ernst Mach. In: Centaurus, vol. 13/1968, S. 85–90

UNSÖLD ALBRECHT: Max Planck. Kiel 1958 (=Veroffentlichung der Schleswig-Holsteinischen Universitätsgesellschaft. N. F. Nr. 24) Max Planck, seine Zeit und unsere Zeit. In: Physikalische Blätter, J. 23/1967, S. 405–408

VIERHAUS, RUDOLF, und VOM BROCKE, BERN-HARD: Forschung im Spannungsfeld von Politik und Gesellschaft. Geschichte und Struktur der Kaiser-Wilhelm-/Max-Planck-Gesellschaft. Stuttgart 1990

VOGEL, HEINRICH: Zum philosophischen Wirken Max Plancks. Seine Kritik am Positivismus. Berlin 1961 [Mit ausführlichem Literaturverzeichnis]

WATTENBERG, DIEDRICH: Letzte Begegnung mit Max Planck. In: Vorträge und Schriften der Archenhold-Sternwarte Nr. 11. Berlin 1962

WEHEFRITZ, VALENTIN: Max Planck. Gedächtnisausstellung zum 20. Todesjahr [Katalog]. Hamburg 1967

WESTPHAL, WILHELM H. : Max Planck als Mensch.
In: Die Naturwissenschaften, Jg. 45/1958, S. 234—236

WINTERSTETTER, BERNHARD: Zum 100.
Geburtstag von Max Planck. In: Stimmen aus dem
Maxgymnasium, Jg. 6/1958, S. 1—6

WÖLFFLIN, ERNST: PersönlicheErinnerungen an
Max Planck. In: Neue Schweizer Rundschau, N. F. Jg.
16/1949, S. 617—627

ZAHN-HARNACK, AGNES vON: Erinnerungen an
Max Planck. In: Physikalische Blätter, Jg. 4/1948, S. 165—
167

译后记

　　马克斯·普朗克的一生波澜壮阔，生于动荡时代，亲历两次世界大战，开启了理论物理学新纪元。普朗克提出的量子理论，打破了传统观念的桎梏，创造性的引入"常量"，从而将物理学研究领域从宏观转向微观。量子理论的辐射力不仅仅局限于物理学领域，由其引发的量子革命更是直接促进了现代信息技术的飞跃，从此核能、激光、半导体等科技如雨后春笋般纷纷涌现，为人类生活增添无限可能。

　　少年时期的普朗克英俊潇洒，极具音乐天赋，年仅21岁便获得柏林大学博士学位，27岁成为理论物理学教授。1900年，普朗克首次提出能量量子化，从此量子理论诞生，1900年也被称为量子元年。从事科学研究的同时，普朗克也辗转多所高校任教，培养了大批优秀物理学人才，包括诺贝尔物理学奖获得者马克斯·冯·劳厄，爱因斯坦也曾受过普朗克的提携与帮助。

在两次世界大战中，他几乎失去了所有儿女，晚年饱受纳粹的迫害。生活中的苦难并未将这位伟人击垮，即便是在逃亡的路上，他依然坚持科学研究。耄耋之年，他依然为威廉皇帝学会的发展四处奔走，他用正义与勇气保护人类精神财富免受纳粹侵袭。他为人真诚，从不吝啬把研究成果分享给同事，也多次不遗余力地帮助困境中的年轻学者。他对祖国一片赤诚：第一次世界大战结束后，他深感自己肩负发展德国科学的重任，"当敌人夺取了祖国的武器和权力，当德国内部危机四伏，只有科学不会抛弃德国"；纳粹上台后，德国科学家纷纷外逃，他贯彻"继续坚持工作"的口号，公开反对纳粹统治，坚持拥护爱因斯坦的理论。

德国数学家费利克斯·克莱因曾将这位伟大学者的一生比作一条河流："先是汹涌澎湃，充满曲折和突破；然后平静宽广，最后分叉成千万条支流。"普朗克的影响力早已超出了物理学范畴，他早已将个人命运置之度外，科学事业是他的生命重心。

1947 年 3 月，普朗克发表了他人生中的最后一次演讲——《精密科学的意义和范畴》，他在演讲中无比平静地说："值得我们追求的唯一高尚的美德，就是对科研工作的真诚，这种美德是世界上任何一股力量都无法剥夺的，这种幸福是世界上任何一种东西都无法比拟的。"同年 10 月，马克斯·普朗克逝世。他的墓碑上面只刻着他的名字，下面只有一行字：$h = 6.62 \times 10^{-34} \mathrm{W} \cdot \mathrm{s}^2$，这也是他毕生最大贡献：提出光量子假说的肯定。

由于崇高的学术威望和正直敦厚的人格魅力，德国和欧洲科学界都将普朗克奉为学界泰斗。1948 年，威廉皇家学会为纪念马克斯·普朗克而将其改名为马克斯·普朗克学会；1957—1971 年，德国官方的 2 马克硬币使用了马克斯·普朗克的肖像；2013 年 12 年 14 日，5 所苏格兰大学国际马克斯·普朗克伙伴项目；2018 年，马克斯·普朗克学会和亚历山大·冯·洪堡基金会每年联合颁发马克斯·普朗克 - 洪堡研究奖。

本书作者阿尔明·赫尔曼在编写之前对普朗克家族成员做了大量的采访工作；参考普朗克的同事和后辈的书信手稿，其中包括许多未发表的一手资料；走访各个学校、城市的档案馆，获得许多珍贵的原始资源。全书按照时间顺序从普朗克的中学时代到逝世层层展开，其中既有普朗克的自述，又有当时来自他人的评价，作者以第三视角客观冷静地将自己的叙述穿插其中，增加了本书的真实性和可信度。

译者在翻译过程中查阅了大量史料，力求确切表达原文之意，对文化背景、专业术语做了大量注释，更是幸而得到出版社编辑的指导，使译本在修改后得以完善。能够有机会了解这位"量子力学之父"背后的故事，实属荣幸之至。翻译过程中，译者被这位伟人的科学热情和个人魅力深深折服，译至动情处甚至挥洒热泪、感慨万分。

让教科书里的人物有血有肉、生动立体，对普朗克有更深入的理解，这便是译者的小小愿望。

马跃

2024 年 5 月